品牌战略规划

BRAND STRATEGY PLANNING

张甲华 著

金盾出版社
JINDUN PUBLISHING HOUSE

图书在版编目（CIP）数据

品牌战略规划 / 张甲华著. -- 北京：金盾出版社，
2025．7．--（产品战略规划丛书）．-- ISBN 978-7
-5186-1866-8

Ⅰ．F272.3

中国国家版本馆 CIP 数据核字第 2025D6Y165 号

品牌战略规划

（产品战略规划丛书）

张甲华 著

出版发行：金盾出版社	开　　本：787mm × 1092mm　　1/16
地　　址：北京市丰台区晓月中路 29 号	印　　张：16
邮政编码：100165	字　　数：250 千字
电　　话：（010）68276683	版　　次：2025 年 7 月第 1 版
（010）68214039	印　　次：2025 年 7 月第 1 次印刷
印刷装订：北京印刷集团有限责任公司	定　　价：75.00 元
经　　销：新华书店	

总 序

中国改革开放的 40 多年，是经济大发展的 40 多年，也是中国企业不断探索，学习国外先进产品和管理理念的 40 多年。走到现在，国外先进产品、技术几乎已经学得差不多了，随着中国的消费升级，那些只模仿而不进行产品创新的企业，找不到自己的发展方向，只能加入无休止的"内卷"。

管理只能提高效率，不能解决企业的生死，只有产品才决定企业生死。虽然中国学习国外的企业管理理论已有几十年，各大学的经济管理学院招生都比较火爆，开设 MBA（工商管理硕士）的大学越来越多，中国企业的管理水平也大大提升，但是在当前的产业转型升级和供给侧结构性改革中，很多职业经理人或企业老板仍感觉无能为力，甚至无从下手。

当前中国企业应该由管理时代向经营时代转变。企业家们应该有新一轮的思考：企业经营的本质是什么？应该是经营产品。企业经营从内容上可以分为对"人"的经营和对"产品"的经营，但企业家们长期对产品经营重视度不够。在学术层面产品经营也长期被弱化，研究普通员工的管理和客户营销的相关学术理论很多，特别是如何提升企业中高层的领导力和管理能力，而专门研究产品战略规划的相关理论和书籍则少得可怜。

如何解决企业当前产品竞争力不强、"内卷"严重的经营困惑呢？

笔者认为企业应该重视消费升级趋势和产业转型升级规律研究，基于新商业逻辑和产品价值体系，做好系统化的产品战略规划，实现产品的"好卖"并"卖好"，持续增强企业的生命力。

如何做好产品战略规划呢？

基于自身 15 年创业和 18 年管理咨询的经历，笔者反复思考企业如何进行产品战略规划，确保产品"好卖"并"卖好"，专注 6 年撰写了这套产品战略规划丛书:《需求洞察与产品定位》《极致产品打造与开发》《商业模式与数字营销》《产品价格战略》《品牌战略规划》《产品协同战略》《产业转型升级与产品开发战略》。

产品战略规划的本质是实现产品的"好卖"和"卖好",主要包括以下内容。

"好卖"的产品应该同时具有产业前瞻性、良好的市场性、明确的价值定位和独特的产品精神。

(1)产业前瞻性是指企业应该遵循产业的发展规律和转型升级路径,规划设计企业的转型升级战略,并制定相应的产品开发战略,也就是企业的产品战略规划应该符合产业分化的发展规律。产品首先具有产业发展的前瞻性,才能为企业指明技术研究方向,才能引领消费者。其相应内容在产品战略规划丛书的《产业转型升级与产品开发战略》中阐述。

(2)良好的市场性是指产品首先解决的是市场上的真需求,其次是要有巨大的市场规模潜力、精确的产品定位和目标市场定位。其相应内容在产品战略规划丛书的《需求洞察与产品定位》中阐述。

(3)明确的价值定位是指产品设计基于新商业逻辑和产品价值模型理论,有明确的、独特的价值功能诉求和定位,具有良好的产品体验。其相应内容在产品战略规划丛书的《极致产品打造与开发》中阐述。

(4)独特的产品精神是指产品应该具有文化元素的灵魂,具有独特的产品精神和产品基因,指引产品不断迭代升级和传承。其相应内容在产品战略规划丛书的《极致产品打造与开发》中阐述。

产品要实现"卖好"应该做好产品的协同战略、价格战略、品牌战略和数字营销,使企业产品从各自为战走向集团军协同作战。

(1)协同战略是指构建产品之间科学、多功能的产品组合,规划好产品间的协同战略,制定好竞争产品的区隔策略,使企业各产品之间形成一个相互协同的有机系统,提升产品竞争力,实现产品"好卖"和"卖好"。其相应内容在产品战略规划丛书的《产品协同战略》中阐述。

(2)科学的价格战略是指根据产品协同战略利用消费心理效应采取多样化的价格管理技巧和策略,科学利用价格战,提高产品的吸引力。制定产品价格战略是一个系统性工程，定价不是价格管理的结束，而是价格管理的开始。其相应内容在产品战略规划丛书的《产品价格战略》中阐述。

（3）良好的品牌战略为产品注入燃烧的激情，赋予内在精神，点燃人们的内心。企业应紧扣时代脉搏，以全新视角规划品牌战略，系统构建企业的品牌战略框架，并做好品牌打造、品牌传播、品牌体验和品牌升级，打造一个具有强大影响力和竞争力的品牌。其相应内容在产品战略规划丛书的《品牌战略规划》中阐述。

（4）数字化销售预警体系是指为了保证产品战略规划策略落地并实现预期目标，既要采用 $APPEALS 模型和 FFAB 模型深刻挖掘产品卖点，也要像火箭飞行过程中的预警和时刻调整一样，采用大数据、数字化等新技术科学预测、设计、监控并调整产品的成长轨迹，保证产品良性成长和战略目标实现。其相应内容在产品战略规划丛书的《商业模式与数字营销》中阐述。

本套产品战略规划丛书旨在阐明：要想解决企业长久的健康发展问题，出路在于重视产品经营并做好产品战略规划；从产业分化规律和洞察真实需求出发，结合产品价值理论和产品定位打造极致产品，科学规划产品协同战略，做好价格战略和品牌战略，利用数字化新技术时刻监控并及时优化营销策略，实现产品"好卖"并"卖好"，确保企业可持续、高质量发展。本套产品战略规划丛书是产品经理职业技能的核心内容，可作为产品经理资质培养指导教材。

2024 年 9 月，笔者参与起草了《产品经理资质等级与认定团体标准》（已于 2025 年 1 月发布），已授权作为本丛书的附录，详细内容参见《产业转型升级与产品开发战略》附录。

张甲华

2024 年 11 月

前　言

　　在当今竞争激烈的市场环境中，品牌建设已经成为企业成功的关键因素之一。一个成功的品牌不仅能够吸引消费者的注意力，提高产品或服务的附加值，还能够树立企业的形象和价值观，并建立起消费者对品牌的忠诚度和信任度。因此，规划一份全面、系统、有效的品牌战略对于企业的长期发展具有重要意义。

　　随着消费的个性化趋势日益明显，品牌战略规划内容、品牌打造路径、品牌传播的策略、品牌体验的塑造和品牌升级都迎来了新挑战。品牌如何提高一致性，增强信任，满足个性化需求，明确市场方向，增强忠诚度，从而推动企业可持续发展呢？

　　本书紧扣时代脉搏，以全新视角解读品牌战略规划，分为品牌战略、品牌打造、品牌传播、品牌体验和品牌升级五篇，系统阐述了品牌战略规划的内容、框架和工具方法论，旨在帮助企业打造具有强大影响力和竞争力的品牌。

　　第一篇是品牌战略。该篇首先分析品牌本质，了解品牌发展脉络，进而阐述如何搭建品牌体系和品牌战略架构，通过品牌战略的选择模型帮助企业创新构建自己的品牌战略，指导企业制定品牌战略的协同发展策略和品牌竞争战略策略，帮助企业构建有活力的品牌战略体系。

　　第二篇是品牌打造。该篇从新产品品牌打造遵循、品牌定位、品牌设定、品牌命名4个维度系统阐述了品牌打造的内容、方法、底层逻辑，以及品牌的作用力及价值生长的逻辑。

　　第三篇是品牌传播。该篇从品牌传播策划和品牌传播策略两个维度阐述如何把品牌价值恰如其分、名实相符地转达给客户。

第四篇是品牌体验。该篇从品牌体验内涵、基于场景的品牌体验、品牌社群、打造品牌 IP 4 个维度阐述了如何塑造品牌体验，对提升用户满意度、增强品牌忠诚度、促进用户重复购买、提升品牌形象和影响消费者购买决策等方面具有重要价值。

第五篇是品牌升级。该篇从品牌升级认知、品牌重塑、品牌年轻化 3 个维度阐述了如何进行品牌升级，从而全面提升品牌形象和市场竞争力，实现企业的可持续发展。

品牌战略规划在企业中由企业高管和产品经理共同参与制定和实施。企业高管在品牌战略规划中扮演着至关重要的角色，他们需要具备全局视野和战略眼光，理解产品创新和品牌战略的重要性，并认识到产品创新和品牌升级对于企业可持续发展的关键作用。学习《品牌战略规划》可以帮助企业高管掌握品牌规划的战略思维和方法，为企业制定符合市场趋势和企业实际的品牌战略，引领企业走向更加辉煌的未来。

张甲华

2024 年 11 月

目　录

第一篇　品牌战略

第二篇　品牌打造

第五篇　品牌升级

第一篇
品牌战略

品牌战略是科学系统地品牌打造和升级过程。
品牌战略有助于增强企业核心竞争力。

第1章
品牌本质与发展

品牌正成为企业战略的核心驱动力。产品在物质层面因满足用户的功能需求而存在，品牌则因可以更好地满足用户功能利益、情感利益、精神利益，在竞争中获得一席之地。

品牌从发现用户真实需求和满足需求出发，由企业提出、塑造和建设，经用户检验、评价和最终定义。

品牌战略是企业实现快速发展的必要条件。品牌战略定位就是在品牌战略与战略管理的协同中彰显企业文化，把握目标受众，识别并向其充分传递自身的产品与品牌文化的关联。

1.1 品牌战略内容

企业纷纷运用品牌战略的利器，取得了竞争优势并逐渐发展壮大。在科技高度发达、信息快速传播的今天，产品、技术及管理模式等容易被竞争对手模仿，难以成为核心特长。而品牌则是不可模仿的，因为品牌是一种消费者认知，是一种心理感觉，这种认知和感觉不能被轻易模仿或替代。

品牌战略的关键点是在深入研究消费者内心世界、购买产品时的主要驱动力、行业特征、品牌联想的基础上，巧妙定位以核心价值为中心的品牌识别系统，然后以品牌识别系统统领企业的一切价值创造活动。

品牌战略包括品牌战略选择、品牌识别界定、品牌延伸规划、品牌管理规划与品牌远景设立5方面的内容。

1.1.1 品牌战略选择

品牌战略选择解决的是品牌的结构问题。即选择综合性的单一品牌还是多元化的多品牌，是联合品牌还是主副品牌呢……品牌模式虽无好与坏之分，但却有一定的行业适用性与时间性。如日本丰田汽车在进入美国的高档轿车市场时，没有继续使用TOYOTA，而是创立了一个崭新的独立品牌LEXUS。这样做是为了避免TOYOTA带来低档次的印象，从而使LEXUS成为可以与宝马、奔驰相媲美的高档轿车品牌。

1.1.2 品牌识别界定

品牌识别界定是确立品牌的内涵，就是确立企业希望消费者认同的品牌形象，它是品牌战略的重心。它从品牌的理念识别、行为识别与符号识别三个方面规范了品牌的思想、行为、外表等内外含义，其中包括以品牌的核心价值为中心的核心识别和以品牌承诺、品牌个性等元素组成的基本识别。例如2000年海信公司的品牌战略规划，不仅明确了海信公司"创新科技，立信百年"的品牌核心价值，还提出了"创新就是生活"的品牌理念，立志塑造"新世纪挑战科技巅峰，致力于改善人们生活水平的科技先锋"的品牌形象，同时导入了全新的视觉识别系统。通过一系列以品牌核心价值为统领的营销传播，一改以往模糊混乱的品牌形象，以清晰的品牌识别一举成为家电行业首屈一指的"技术流"品牌。

1.1.3 品牌延伸规划

品牌延伸规划是对品牌未来发展领域的清晰界定，是根据企业业务多元化发展或品牌发展中遇到的困惑进行品牌优化升级、品牌重塑或品牌年轻化改造，明确未来品牌适合在哪些领域、行业发展与延伸，在降低延伸风险、规避品牌稀释的前提下，以谋求品牌价值的最大化。如海尔公司家电统一用海尔品牌，就是品牌延伸的成功典范。

1.1.4　品牌管理规划

品牌管理规划从组织机构与管理机制上为品牌建设保驾护航，在上述规划的基础上为品牌的发展设立远景，并明确品牌发展各阶段的目标与衡量指标。企业做大做强靠战略，"人无远虑，必有近忧"，解决好战略问题可以为品牌发展打好基础，也有助于创造性设计品牌 IP、优化品牌体验，提升品牌资产价格。

1.1.5　品牌远景设立

品牌远景设立是对品牌现存价值、未来前景和信念准则的界定，品牌远景设立应该明确告诉包括顾客、股东和员工在内的利益相关者：品牌今天代表什么？明天代表什么？从今天到明天的努力代表什么？

为什么要做品牌？品牌对消费者而言，可以降低决策难度、减少选择风险，甚至提供精神上的满足；对公司而言，品牌可以成为企业的核心竞争优势，帮公司获取高额的财务回报、获得顾客的独特联想。

品牌可以是符号，是形象，是资产。对消费者来说，品牌有了某种形象和个性，与人们建立了亲密关系；对企业来说，品牌创造了无形价值，成了企业最重要的资产；在行业之中，品牌也成了某种产品和品类的代名词。

那如何正确去打造品牌呢？要想正确理解、认识品牌，就应该先从历史的视角看品牌的演变历程，从而理解品牌的本质和规律。品牌的发展可分为品牌符号、品牌传播、品牌管理和品牌用户 4 个阶段。

1.2　品牌符号阶段

品牌出现是一种经济现象，是社会发展到一定阶段的产物。所以品牌的内涵与本质，必定与当时的社会经济发展状况相适应。

在漫长的农业时代，小农经济和手工业占主导，商业不发达，产品竞争不激烈。最初的品牌，始于口口相传的品质，依赖口碑缓慢积累而成，它是自发演化的结果。

1.2.1　品牌的本质是符号

品牌的英文单词为"Brand"，其起源有 3 种说法。

一种说法认为它起源于古诺尔斯语中的"Brandr"一词，意为"用热铁烙印、烧灼"。在进行牲畜交易时，牧民会用不同图案的烙铁在牲口身上进行烙印，以标记财产所有权。

一种说法认为它起源于原始日耳曼语词根"Brandaz"，意为"火焰，燃烧"。欧洲贵族使用的信函文件会用火熔化一种漆，盖上代表贵族的家族徽章，用以区别、彰显身份。

还有一种说法认为它起源于古法语白兰地"Brandy"，用以区分出产白兰地的庄园和产区。

这代表了品牌最初的作用——识别生产者、标记所有权。后来，它逐渐与品质、质量联系了起来。牛屁股上的这个图案烙印，也就成了今日品牌标识的源头，如图 1-1 所示。

规模市场和包装产品催生了产品标识和品牌。为了将散装的产品铺向大规模的市场，需要有包装。包装上的标识乃至特

图 1-1　图案烙印

定的名称应运而生，并开始普遍化，其中一部分产品便发展演变为包装品牌。

品牌方为了提高自己品牌的识别度，开始为自己设计某种符号、图案以示区分，起到了形成辨识、区隔产权、证明品质的作用，而这个标识图案可能是品牌中唯一有意识设计的元素。

例如，宝洁公司在 19 世纪中期无意间发现了商标的价值。1851 年，运送宝洁公司的蜡烛时，驳船工人为了将自家产品货箱与别家货物区分开来，会在货箱上画上星星、月亮等标记。

宝洁创始人威廉·普罗克特很快注意到，购买者会将这些星月记号看成质量的象征而积极购买，一旦在纸箱上找不到该标记，销售商就会拒绝接收这批货。

这启发了宝洁公司，宝洁公司开始在记号的基础上设计了一个更为正式的星月标识，并将其印在所有蜡烛产品的包装上，这成了宝洁公司最早的品牌商标，并为宝洁赢得了早期的忠诚顾客。

这一商标在不断修正的过程中一直沿用了近百年之久，直到 1944 年才被完成替换成"P&G"纯字体商标，并使用至今。宝洁公司纯字母商标的演变如图 1-2 所示。

图 1-2　宝洁品牌 Logo 演变

这段历史很好地体现了品牌标识随着人类商业发展从无到有的过程。到了 19 世纪 70 年代，商标开始得到普遍重视。

1873 年，Levi's（李维斯）牛仔裤申请商标保护，开创品牌法律保护的先河。1876 年 1 月 1 日，英国政府批准了第一个注册商标 Bass Pale Ale（啤酒品牌），这是全球首个法定商标，如图 1-3 所示。

1881 年，美国政府制定了注册和保护商标的法律，企业纷纷为自家产品注册商标，这立刻成为商界最为重要的一件事，很多在今天依旧享誉全球的美国品牌都成立于这一时期，比如可口可乐、强生、柯达等。

图 1-3　Bass Pale Ale 图案

可口可乐公司的蓬勃发展，引来竞争对手纷纷效仿。为了增加自己产品的识别性，他们将可口可乐的名称与标识略作变体，贴在瓶子上，一些"Koka-Kola""Koca-Nola""CeleryCola""Koke"等山寨产品充斥于市场。

于是可口可乐公司与其装瓶商合作，决心设计一款独特的新瓶形，并要求其即使在黑暗中仅凭触摸也能辨识出品牌，甚至打碎之后仅凭碎片也能够一眼识别。这就是可乐史上经典的弧形瓶，它于1915年11月16日注册专利，并在1960年被美国专利局批准为注册商标。

由此可见，早期的品牌主题是商标和视觉图案，以及符号化的品牌特征。品牌主要体现在名称、商标、产品包装设计等基本的识别元素上，特别是视觉风格强烈的标识。

因此，品牌最初的本质就是一个被抽象简化的符号，它被印在产品上以形成区分，背书产品品质和商家信誉。消费者对一个品牌的认识从符号开始，符号是消费者识别和记忆的抓手，是承载消费者认知和感受的载体。

1.2.2 品牌识别系统

品牌识别是最初的品牌思想。

品牌是一个定位明确的差异化识别系统对消费者心智的占领。品牌建设就是将这个识别系统植入消费者心智，通过在消费者心智中植入差异化识别系统来塑造品牌形象，赢得目标市场，积累品牌资产。

品牌识别系统不仅要有清晰的定位，还要有明显的差异化以及与行业的高度相关性，这些是品牌识别系统的基本属性。品牌识别系统根据不同角度、不同的使用目的和场景，主要包括5个子系统，分别是品牌理念识别系统、品牌内容系统、品牌视觉识别系统、品牌行为识别系统、品牌终端识别系统。5个子系统形成一个完整的品牌识别系统，从不同的角度传递着统一的品牌形象。

1. 品牌理念识别系统

品牌理念识别系统包括品牌主张、愿景、品牌使命、企业目标、客户关系、服务宗旨等。作为一种价值观和行为准则，品牌理念识别系统能够指引企业和员工按照一定准则和方向来开展工作，正确处理企业、员工和客户的关系，树立品牌良好的品牌形象。

2. 品牌内容系统

品牌内容系统包括品牌定位、品牌名称、品牌口号、品牌故事、品牌产品等品牌核心内容。品牌建设就是需要把这些内容传播给消费者，通过这些内容将品牌和消费者成功联系起来，并最终成功占领消费者的心智。所以，作为品牌基因，这些内容一旦确定就不能轻易改变。

3. 品牌视觉识别系统

品牌视觉系统是一套完整的品牌视觉使用规范，包括品牌 Logo 主视觉规范及品牌延展的视觉规范。品牌视觉也是非常重要的内容，而且在执行中必须遵照规范严格执行到位。Logo 的设计要结合行业关联性、差异化、本身的寓意等，将品牌的独特之处表现到位，明确品牌基因，因此一般对设计的要求是比较高的。规范的适用范围和实际使用需求，也必须考虑到位。它们是品牌的视觉"法典"，所有的品牌视觉设计都必须遵照这个规范，才能确保品牌形象统一。另外，在品牌发展过程中可根据品牌升级或延伸需要，在继承品牌基因基础上作微小的创新。

4. 品牌行为识别系统

行为识别系统是品牌特有的针对企业员工的一整套行为规范和指导，通过行为规范体现品牌差异化，建立良好的客户关系，给客户留下不错的品牌形象。

5. 品牌终端识别系统

品牌终端识别系统是企业交付终端的形象展示系统，多用于线下门店或展示厅，对连锁或加盟企业而言尤为重要，需要从企业的实际情况和实际使用出发，结合品牌定位进行设计。和视觉识别系统一样，很多时候客户就是通过这个终端的形象来建立对品牌的认知的，所以一定要全面结合品牌的内容来设计，而且必须遵循品牌视觉识别系统的规范。

品牌实质是一个系统的差异化识别系统。品牌就是在这些子系统的规范下，通过创新设计呈现形式（例如品牌 IP）并不断营销传播，建立起一个完整而清晰的品牌形象，占领消费者在某个品类方面的认知，从而获得市场份额，提升销售业绩。

品牌识别系统是品牌的核心，作为品牌战略的纲领和规范，企业从上到下、从内到外都必须严格遵守，这样才能有效打造统一的品牌形象，让消费者对品牌有统一的认知。随着时间的推移，如果必须要进行调整优化，那最好的方式应该是在保持原来品牌基因的基础上进行微调升级，变动不能太大，否则会影响品牌已经在消费者心智中形成的形象，对消费者造成情感上的伤害。

总之，任何一个成功的品牌都具有完整且差异化明显的品牌识别系统，这个系统通过不同的渠道、方式和场景，借助音视频等各种形式传递给消费者。随着长时间的不断传播和强化，才会逐渐沉淀到消费者心智中，成为一个清晰统一的品牌形象。

1.2.3　品牌识别系统的发展

随着商业竞争的局面逐渐打开，各企业纷纷开始建立自己的品牌识别系统，也发展出多个品牌理论。

CI 理论逐渐发展出一个完整的系统，包括了 MI（Mind Identity，理念识别）、BI（Behavior Identity，行为识别）、VI（Visual Identity，视觉识别）三大组成部分，CI 也因此被人称为 CIS（Corporate Identity System，企业识别系统）。

MI 指企业经营理念和价值观，BI 是对企业内部人士特别是企业员工的行为进行规范，VI 则是对品牌 Logo、标准色、标准字体、辅助图形等视觉元素的设计和确认，并保证其一致且规范地应用于产品包装、广告、工服、厂房、交通工具等各种展示企业的场景中。

20 世纪 80—90 年代，CIS 这股风潮刮到中国并被广泛追捧，CIS 成为市场竞争的法宝，但 MI 和 BI 在很多企业往往沦为一纸空文，缺乏实际效用。由于 VI 是品牌最基本的视觉构成，而且还要应用到产品包装、门店、广告中，所以虽然 CIS 已经式微，但 VI 却保留了下来，仍是品牌建设中不可或缺的基本功。麦当劳的金色 M、可口可乐的红色波浪线字体是 VI 设计中经典中的经典。

在实际设计过程中，VI 的核心是 Logo、标准色和字体设计，剩下的工作就是各种排列组合，然后再延展到各个物料系统。

1.3　品牌传播阶段

设计主导品牌的时代过去了，下一个左右品牌的关键力量是广告传播。

1.3.1　传播赋予品牌生命

1729 年，本杰明·富兰克林在《宾夕法尼亚日报》第一次将广告置于头版社论的前头，版面位置极其醒目，开创了品牌传播的先河。

那是一则肥皂广告，由富兰克林本人亲自创作。这则广告标题巨大，大量留白，十分引人注目，开创了报纸广告应用艺术手法的先例。因此，《宾夕法尼亚日报》的发行量和广告量在当时的北美报业位居首位。

富兰克林创建了现代的广告系统，因此被誉为"美国广告业之父"。到了 1830 年，美国已经有 1200 种报纸，且价格非常低廉，而售价低廉的原因是有广告支持。

当时虽然媒体发达了，但受到物流条件限制，绝大多数产品是地方性的，无法做到全国性铺货，因此也没有大面积的广告宣传，几乎没有广泛的品牌。

直到 19 世纪 80 年代，铁路和电报在美国迅速普及，大大加快了产品流通的速度和可靠性，降低了经营风险。而且报纸也跟随铁路扩大了发行，很快催生了一批全国性媒体。

同时，机械制造和加工工艺也取得重大突破，使大量生产标准化的小包装产品成为可能。如香烟、手表、胶卷和罐头食品在离开工厂时就有了包装和印制好的产品标签及制造商品牌名称。

制造商们纷纷开始为自己的产品取名字、做广告，品牌开始大量涌现。品牌传播时代开始了，商业进入大众化品牌时代，大生产、大流通、大曝光成为主流商业模式。

大生产指建立规模化的生产体制，提供标准化的产品，并且实施大众化的定价策略，满足最广谱人群的需求，通过规模效应和成本优势获得更高的效率和利润。

大流通指利用铁路、连锁零售终端进行大量铺货，触达全国市场的各个角落。

大曝光指利用全国性的主流媒体、强势媒体进行大规模广告和传播，打造高知名度品牌，从而影响消费者的认知和购买行为。

产品、消费者、媒体、渠道4个基本要素成为主流商业模式。产品要想影响消费者购买，需要媒体传递产品信息、塑造品牌，需要渠道分销卖货、触达用户。

例如1882年，宝洁公司开始为旗下产品象牙皂进行大规模广告宣传，成为美国最早投放全国性广告的品牌，"纯度高达99.44%，可漂浮在水面"成为最著名的品牌传播文案之一。

次年，尝到甜头的宝洁公司又投入了1.1万美元广告预算做报纸广告，收获巨大成功。到了1897年，象牙皂的广告预算已经增至30万美元，并赢得了全美20%的市场份额。

宝洁公司开创了用广告开拓全国市场的商业模式，引来竞相仿效。从此，利用大众媒体宣传推广品牌成为企业营销的惯例。

随着大众传媒的使用，各种新兴的广告信息手段遍地开花，比如1900年米其林轮胎开始使用吉祥物，这是最早的品牌拟人化元素，如图1-4所示。广告语、吉祥物、广告歌等，成为继品牌名和Logo之后新兴的品牌构成元素，它们帮助品牌脱颖而出。

在20世纪早期，品牌主要通过大众媒体广告打造，聘请广告代理公司负责品牌运作的模式成为商界主流。特别是20世纪20年代以后，随着电台、电视相继登上时代舞台，企业

图1-4　米其林轮胎拟人化形象

突然发现，强有力的广告传播可以让品牌一夜之间风靡全国，大众传媒赋予了品牌巨大威力。

到了20世纪60年代，彩色电视开始在美国普及，1966年，美国家庭拥有彩电的总量已经超过1000万台。当电视成为美国全国性媒体以后，彩色图

像和声光电效果牢牢吸引了观众注意力，广告的效果和品牌的魅力被进一步放大。差异化的品牌识别元素，通过广告创意和大众传媒，创造了许多延续至今、经久不衰的强势品牌。

20世纪90年代，电视广告在中国开始疯狂。例如1995年，坐落山东一个偏僻小县城的某某酒业，以天价勇夺央视广告标王称号，"永远的某某，永远的绿色"通过中央电视台传遍大江南北。

这个产品此前从未走出潍坊地区的不景气小酒厂，一时间产品供不应求，引发全国哄抢。因为产能不足，某某从川贵地区购进原酒进行勾兑，再包装成秦池销售，这件事被曝光后，秦池轰然倒地。

电视、电台、报纸主导的大众传媒垄断着话语权，经由这些媒体传播出去的广告权威性十足，影响力巨大。企业只要保证广告投入，就能带来巨额销量。那是一个"广告一响，黄金万两"的黄金时代。

大众传媒统治时代，品牌的打法相当简单粗暴，只要大规模投放广告，再加上明星代言、权威媒体的背书，企业就会被视为大品牌、知名品牌，然后消费者就会抢着购买，经销商抢着代理。

此时，品牌主要靠传播塑造，品牌的本质就是知名度，而名气就是销量。

1.3.2　品牌从产品中分离出来

1955年，加德纳和西德尼·列维在《哈佛商业评论》上发表的《产品与品牌》分析了产品和品牌在消费者心目中的不同，从理论上将二者区隔开来，并提出了"品牌形象"的原创思想。

从此，品牌从产品中剥离出来。品牌源于产品，但高于产品，在脱离了产品的限制之后，品牌思想蓬勃发展起来。

1957年，泰勒在《营销学报》上发表了论文《形象、品牌和消费者》，提出广告应该塑造出超越产品卖点的形象，例如万宝路香烟打造的"牛仔"形象。

20世纪50年代初诞生了USP理论——独特的销售主张（Unique Selling Proposition）。该理论强调，每一则广告都要对消费者给予明确的利益承诺。它来自对产品独特卖点的挖掘，必须是同类竞品不具备或者没有宣传过的产品特性。

1969 年，艾·里斯和杰克·特劳特将 USP 理论向前推进了一步，提出了定位理论。该理论主张，品牌要借助于独特的产品特性，在品类中占据一个显著位置，而这个品类位置将会是消费者认知并记忆品牌的抓手。

里斯和特劳特的定位理论来源于激烈的市场竞争带来品类的不断分化，品牌要想击败对手，就要占据一种产品特性，并成为一个细分品类的代表，从消费者心智之中脱颖而出，品牌化的目标就是要占据品类。

USP 理论、品牌形象、定位理论构成了品牌传播的 3 大维度，分别从产品功能、用户形象和个性、品类地位 3 个不同的角度出发，传播品牌，共同点是通过差异化影响消费者心智。

1.3.3 战略品牌

1986 年，帕克及其合作者在《营销学报》上提出"战略品牌概念管理"理论，将品牌分成了功能的、体验的、符号的 3 个维度。

该品牌理论框架不仅统一了不同的品牌思想，而且在理论层面明确了品牌与产品的根本不同，那就是产品只有一维，而品牌具有三维的概念。

在产品稀缺的年代，品牌化的中心是建立识别，其核心作用是形成区分，并表明产品出身和为品质背书，表现形式是外显的品牌元素，诸如品牌名、广告语、吉祥物、包装设计图案等。"品牌只是一个名称和标识"，这就是最初的品牌思想。

随着产品竞争加剧，突出品牌的差异化，品牌理论走向内在的、隐性价值，包括情感、个性、尊重、满意等。品牌化的中心是创造象征，其关键则是价值赋予。

1.4 品牌管理阶段

强势品牌一旦建立，便能借助新的商业模式助企业迅速壮大。例如 1968 年，麦当劳启用金色拱门标识，金黄色的"M"标识逐渐出现在世界的每个角落，使麦当劳成为影响力极大的全球化品牌。

20 世纪 80 年代，欧美出现了第四次大规模企业并购浪潮，并且并购的数量和金额都是空前的。比如 1985 年，通用电气以 60 亿美元收购美国无线电公司。在企业并购中经常出现一种现象，就是资本市场对一个企业的估值，往往高于企业自身的账面价值。

在 20 世纪 80 年代前，企业并购时的竞价比不超过 1：8；而此后并购知名品牌企业时的竞价比已经超过 1：25，即价格为账面资产的 25 倍以上。典型案例有，1988 年雀巢公司以高于账面数倍的价格收购了 Rowntree（现在的奇巧）。

这充分说明，品牌拥有巨大的无形价值，并且能够帮助企业在资本市场获得潜在的增值效应。那问题随之而来，如何科学评估并计算一个知名企业的无形资产呢？商界迫切地需要答案。

美国营销科学研究院提出了"品牌资产"概念，用以反映品牌所有权为公司带来的估值溢价，它成为市场营销领域最重要的研究方向。

到了 1993 年，品牌大师、达特茅斯大学塔克商学院营销学教授凯文·凯勒提出了"基于顾客的品牌资产"理念，即 CBBE（Customer-Based Brand Equity）模型。1998 年，凯勒又将其经典论文扩充成《战略品牌管理》一书并出版，此书被誉为"品牌圣经"。

品牌资产理念从企业经营和财务的视角来看待品牌，提高了品牌在企业管理中的地位和作用，为企业打造品牌提供了强有力的理由。从此，品牌不再是短期促销工具，而是代表企业的核心竞争力，并直接影响企业估值，品牌的意义和重要性大为提高。

这是品牌史上的第二次飞跃，它将品牌从战术工具上升到了企业战略层面。

1999 年，美国西北大学教授唐·舒尔茨出版《整合营销传播》一书，提出了"整合营销传播"理念。他强调，消费者掌握的信息是企业组织唯一的竞争优势，消费者如何理解、认知一家企业，才是真正的营销价值，因此与消费者的沟通是营销的全部，企业营销的目标就是影响消费者对企业信息的接收与认知。

传播不只是投放媒体广告，事实上企业营销所做的一切都是在向消费者传播，不管是产品开发、包装设计、定价、渠道活动、促销还是公关，都是在向消费者传递同一个信息，共同在消费者心目中建立起一个品牌。

既然一切皆传播，企业与消费者发生接触的所有触点都是传播的载体、品牌的载体，那么企业营销的核心工作就是运作信息流，让企业的各种营销手段协同起来。营销的一切都是为了传播，为了建立品牌。

"整合营销传播"理念给企业营销指明了新方向，企业主对品牌的理解上了一个新维度。"整合"从此成为营销人挂在嘴边的热词，舒尔茨由此成为世界上最著名的营销大师之一，被誉为"整合营销传播之父"。

同时，品牌管理的范围进一步扩大，涵盖市场洞察、激发突破性的产品创新、企业增长战略、品牌组合战略、全球化品牌战略等多个方面。

品牌资产、战略品牌管理和整合营销传播思想代表了一个全新的时代，推动品牌在企业经营中站上巅峰，达到新高度。

1.5 品牌用户阶段

随着互联网的发展，数字化成为新的品牌营销课题。2000 年，著名咨询公司麦肯锡在《麦肯锡季刊》中，率先提出了"数字品牌化"理念。

2016 年，全球广告预算达到 6050 亿美元，其中数字化广告投放的金额首次超过电视广告，品牌数字化已是大势所趋。

从深层次来看，数字化意味着从"企业主体性"到"用户主体性"的转变。

过去，品牌建设是企业主体性的。虽然从 20 世纪 60 年代起，营销就开始强调以顾客导向为宗旨，但是品牌管理思想始终是站在企业视角的。企业在品牌建设中占据主导地位，负责对品牌资产进行评估和维护，主导品牌传播与沟通。

而消费者是受众，是沉默的大多数，在生活中受到品牌和广告的极大影响，对企业的影响力却有限。但是，数字化为消费者充分赋权，用户主体性确立，消费者反过来在品牌沟通中占据了主导地位，品牌与消费者之间的关系和地位出现了大反转，消费者已经反客为主。

1998 年苏珊·福尼亚在核心期刊《消费者研究学报》上发表的《消费者与品牌的关系理论》，首次提出"品牌关系"理论。她将品牌关系类比为人与人之间的关系，并最终确定了"消费者—品牌关系"的 6 个变量，即爱和激情、自我关联、信任、依赖、亲昵、品牌伙伴质量。由此开辟了品牌思想从注重品牌自身向强调"消费者—品牌关系"转变，这是品牌史上的第三次飞跃。

1.5.1　重新定义品牌内涵

过去不管是将品牌理解成识别符号、形象还是资产，归根结底是基于品牌自身来定义品牌，现在则是基于品牌—消费者关系来定义品牌。

品牌关系提示我们，关系不只是手段，更是本质。品牌是产品、企业与顾客关系的体现，关系的强弱决定了品牌力的强弱。

伴随社交媒体的兴起和智能手机的普及，以及短视频、算法、直播、私域、元宇宙等新技术、新玩法的发展，数字化不仅颠覆了传统媒体的传播方式，改变了人们的购买行为，而且再造了人们的社交方式和生活方式。数字化时代使得品牌与消费者之间的纽带空前加强。

消费者可以直接关注品牌的社媒账号，对企业发表的内容进行点赞、收藏、转发、评论；可以主动参与企业的营销行为，并且扩散出去；可以自由对企业产品发表评价和意见。此外，企业也可以更充分地了解自己的消费者，互联网上一切都是透明的。

2009 年，莫尼兹提出了一个新概念——品牌交互，强调消费者参与到企业营销中来，与品牌产生交互行为。

过去的品牌沟通是单向的，"说什么"决定了企业会打造出什么样的品牌，拥有什么样的品牌形象和价值，信息策略至关重要。

信息传播的重要性让位于社交行为，比"说什么"更关键的是消费者对企业营销行为的反馈，消费者是否响应以及如何响应企业传播的信息比信息本身更重要，比起"说什么"，企业更应该去倾听消费者"怎么说"，在品牌营销中有意识地开放节点，设计交互机制，鼓励消费者参与，增强消费者的体验感。

另外，品牌交互在结果上主张消费者和企业合作创造价值。比如消费者在网络上和生活中自发维护品牌、主动帮助品牌发声，和品牌一起共建内容；品牌通过持续不断地和消费者交流，从中获取有价值的信息和商业数据，和消费者一起共创产品。

这种做法的结果是品牌和消费者形成了某种利益上的共享，品牌从用户经营中获得更大的发展，消费者从品牌的发展中获得更多情绪价值、社交激励和归属感，比如露露乐蒙、蔚来的用户社群等。

1.5.2　品牌建设更加以用户为本

以用户为本的背景下，品牌化理念更强调从消费者出发，注重消费者感受，尤其是对于情感和人格化元素的重视。

2004 年，凯文·罗伯茨提出"至爱品牌"。他对一个产品以爱与尊重两个维度进行划分，分成 4 个区域，称为至爱品牌分析模型，如图 1-5 所示。低爱低尊重的是产品，高爱低尊重的是时尚，低爱高尊重的是品牌，高爱高尊重的是带有感性价值的至爱品牌。

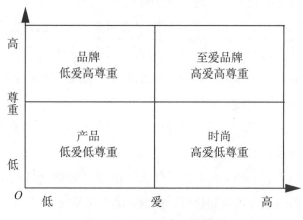

图 1-5　至爱品牌分析模型

在用户主导的时代，影响力比较大的品牌思想是品牌体验和文化战略。

1. 品牌体验

1999 年，美国的约瑟夫·派恩和詹姆斯·吉尔摩出版《体验经济》一书，强调体验是一种全新的经济形式，是消费的最终内容。

首先，体验是基于产品的，独特、优质的产品与服务才能创造好的体验，而体验让产品在消费者心目中拥有差异化、显著性，体验成为建立品牌的新路径。

其次，体验不同于情感路线，体验就是消费的最终目的，而情感只是附加值。体验强调消费者消费不仅是为了某种产品功能，更在于想要获得一段独特、难以忘怀的经历。

体验不仅关乎消费者感官、情感，而且关乎消费者的生活场景、生活方式和文化背景，好的品牌体验能为消费者留下深刻的印象和记忆，加强与消费者的连接。

因此，体验将产品与品牌、消费者与品牌更紧密地联系在一起，深化了品牌关系。

2. 文化战略

2010 年，霍尔特和卡梅伦出版了《文化战略：以创新的意识形态构建独特的文化品牌》一书，强调了文化对品牌的影响。

文化战略在于通过社会流行文化和亚文化去影响消费者，利用社会公共关系去撬动品牌关系，把"我的品牌"真正变成"我们的品牌"。

真正的品牌关系来自和消费者的社交互动，让消费者参与到品牌设计、传播和发展中来，进入品牌社群，通过圈层和文化的力量持续打动消费者，增强品牌和用户的关系。

3. 关系和社群理论开辟了打造品牌的新模式

在数字化时代，消费者的参与、互动，可以决定品牌营销与传播的效果；消费者的反馈、舆论口碑，可以极大地影响品牌形象；消费者的主动参与和扩散，也在很大程度上决定着品牌的业绩和表现。

例如 2010 年，Gap（盖璞）发布了全新的品牌 Logo，但是消费者不喜欢，在社交媒体上结成很多社群进行抗议，Gap 只好换回旧标识。这说明消费者已经成为品牌建设的一股决定性力量。

数字化，不仅仅是建设数字媒体和电商渠道，而是要以数据和技术为基础，深入洞察消费者需求，理解消费者行为，重建品牌和消费者关系。

对关系的强调重塑了品牌概念，改变了品牌化的做法，更能让企业抓住品牌的本质，从而强化品牌建设。品牌只有和顾客建立了可持续关系，才能创造顾客终身价值，并实现持续增长。

总之，品牌在发展中已历经三次改变。第一次是品牌从产品中剥离开来，将商标、标识、符号上升到品牌高度；第二次是将品牌作为企业营销推广的组成部分上升到企业战略，将品牌作为企业的无形资产来管理；第三次是从注重管理品牌资产转变为强调品牌与用户的关系。

第2章
品牌体系

　　企业通过产品、价格、渠道、传播与用户进行沟通，统一向用户传递品牌信息。比如在产品上，企业提供什么功能价值，上升到品牌层面上，提供什么样的情感价值、精神价值；企业是怎么表达的；在产品包装，甚至是电子屏幕上的产品页，应该说什么；在定价上，价格与企业所说的价值是不是匹配……这些信息需要企业进行科学的、系统的管理，这涉及品牌体系科学建设问题。

2.1　品牌结构体系

　　品牌结构体系保证所有信息与用户发生接触的触点，形成一个点、线、面、体的结点成线、织线成面、面面成体的整体，传递统一的信息，发出同一个声音。

　　品牌体系搭建中，每个品牌的打造基本是从理念层、支撑层、基础层3个主要维度进行拆分的，如图2-1所示。

　　理念层包含品牌使命、品牌愿景和品牌价值主张等内容。

　　支持层包含品牌定位、品牌设定和品牌识别系统3部分，其中品牌设定又分为品牌形象设定、品牌内容设定、品牌文化设定和品牌故事设定，品牌识别系统由品牌符号系统、品牌利益系统和品牌意义系统组成。

　　基础层由为谁服务、情感感知、信任体系和产品体系组成，其中信任体系可从品牌体验、品牌社群和品牌IP（品牌内容的符号化）3个方面进行打造。

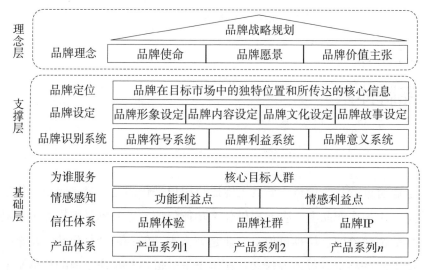

图 2-1　品牌结构体系

2.1.1　品牌价值

1. 理念层

产品是用来和客户做交换的，品牌是用来和目标受众进行沟通的。企业的目标受众包括客户、合作伙伴、供应商、投资方、政府部门、企业股东、内部员工等。

所以，品牌塑造就是带领目标受众由产品物质层走向精神价值层的过程，用精神层的价值内容不断去影响他们，从而得到他们对品牌所传递的价值观、文化和精神象征的认可。

要让客户认同品牌，先从认同产品开始。基础层让客户认识我们，到支撑层让客户记住我们，再到理念层让客户认可我们。

如果说愿景和使命能引导品牌朝着正确的方向前进，那么品牌宣言就是推动它前进的动力。品牌宣言要负责激发创造力，激励人心，赋予品牌意义。在情感上为品牌注入了"为什么"。

品牌宣言是品牌以个体方式引起共鸣的文化基石。它提供的价值主张，解释了为什么要努力实现品牌，也提供了创造卓越品牌体验和用户关系的基础。如果你谈论你的信念，你将吸引那些相信你信念的人。

虽然每个品牌有自己的表达方式，不过一般来说，在写法上，品牌宣言会以集体（我们）的声音、积极的语气说话，并受到改变现状的强烈愿望的推动。

2. 支持层

品牌支持层是品牌战略的核心框架，旨在构建品牌的系统性支撑体系，确保品牌在市场中的独特性、一致性与可持续性。其包含 3 大核心模块：品牌定位、品牌设定和品牌识别系统。

（1）品牌定位。

品牌定位是指品牌在目标市场中占据的独特位置，明确"品牌是谁""为谁服务""传递何种核心价值"，包括以下几个核心要素。

目标市场：精准定义用户群体，如年龄、消费能力、地域等。

核心信息：品牌的核心承诺，如功能性利益或情感价值。

差异化点：与竞争对手区隔的关键要素，如技术、服务、文化等。

例如，特斯拉汽车的品牌定位为"高端智能电动汽车领导者"，核心信息是"加速世界向可持续能源的转变"。

（2）品牌设定。

品牌设定是品牌身份的内核设计，分为 4 个子维度，共同构建品牌的"人格"与"灵魂"。

①品牌形象设定。品牌形象设定是指品牌的视觉与感知特征，包括调性、风格、个性，有以下核心关键要素。

视觉符号：Logo、主色调、IP 形象，如天猫的猫头形象。

品牌个性：拟人化特征，如专业、亲和、叛逆。

例如，爱马仕的品牌形象设定为奢侈、经典、低调，视觉以橙色为主，Logo 简洁典雅。

②品牌内容设定。品牌内容设定是指品牌传播的信息策略，涵盖语言风格、传播主题与媒介选择，有以下关键要素。

语言调性：正式、幽默、温情，如支付宝的"生活好，支付宝"。

内容主题：产品功能、用户故事、社会议题，如 SK-II 的"改写命运"系列。

例如，网易云音乐通过用户乐评打造情感共鸣社区。

③品牌文化设定。品牌文化设定是指品牌的价值观、使命、愿景，以及与用户共享的文化基因，有以下关键要素。

内部文化：员工行为准则与企业精神，如谷歌的"创新自由"。

外部文化：与消费者共鸣的社会价值观。

例如，星巴克的品牌文化设定是倡导"第三空间"文化，强调社区联结与咖啡体验。

④品牌故事设定。品牌故事设定是指通过叙事传递品牌内核，包括创始人故事、产品故事或用户故事，有以下关键要素。

情感连接：引发共鸣。

真实性：基于真实事件或用户案例。

（3）品牌识别系统。

品牌识别系统是指将品牌定位与设定转化为可感知的符号与利益体系，确保用户对品牌的统一认知。

①品牌符号系统。品牌符号系统是指品牌的视觉与语言符号，直接传递品牌形象，有以下要素。

视觉符号：Logo、色彩、字体，如可口可乐的红色波浪形 Logo。

语言符号：品牌口号、广告语，如耐克的"Just Do It"（尽管去做）广告语。

例如，苹果公司的品牌符号设定为极简 Logo、银灰色系。

②品牌利益系统。品牌利益系统是指品牌为用户提供的功能性或情感性利益，有以下要素。

功能利益：产品性能、服务效率。

情感利益：归属感、身份认同。

例如，戴森吸尘器的功能利益为"强劲吸力"，情感利益为"科技精英的象征"。

③品牌意义系统。

品牌意义系统指品牌承载的深层价值观与文化意义，超越产品本身，有以下要素。

社会意义：环保、平等、创新，如特斯拉汽车的"可持续未来"。

文化意义：传统、潮流、地域文化，如故宫文创的"国潮复兴"。

品牌支持层是品牌从战略到落地的桥梁。品牌定位是指南针，定义产品方向；品牌设定是灵魂，赋予产品人格；品牌识别系统是触手，让用户感知品牌价值。三者协同，才能构建有生命力、差异化的品牌体系。

3. 基础层

基础层是品牌内容中最为基础的部分，主要是告诉客户我有什么、我能帮你做些什么、我跟其他人有什么不一样、你为什么要选择我等问题。核心代表就是企业的产品。

哪怕你的品牌形象塑造得再完美，没有质量和创新的产品终究会导致品牌出现空心化的现象，这样的品牌也不可能走得长远。谁的品牌能进入更多用户的心智，谁就更占有市场优势。谁的品牌能占领更多用户心智中更靠前、曝光度更大的位置，谁就更具有细分行业的领导者风范。

产品是用来满足客户的基础需求，品牌是用来满足客户的心理需求。只有在客户基础需求被满足后，心理需求才可能被满足。品牌塑造得再好，产品不行也是不行。

产品是企业持久发展的根基，是客户与品牌建立情感联系的载体，品牌更多是起到锦上添花的作用，为产品带来品牌溢价及附加值的保证。可以说产品与品牌是相互依存的关系，但它们一定有个先后顺序，没有产品的"1"，后面所有的"0"都是"0"。

所以，企业需要围绕产品对应的类别属性、功能利益、品质表现、品牌背书等信息进行整理罗列，提炼出差异化卖点，以吸引客户。

2.1.2　品牌定位

"好的品牌定位是品牌成功的一半。"品牌定位是为了让消费者清晰地识别记住品牌的特征及品牌的核心价值。在产品研发、包装设计、广告设计等方面都要围绕品牌定位去做。如舒肤佳的品牌定位就是除菌，多年来舒肤佳广告也始终是除菌，一次次加深消费者的记忆，最终达到让消费者一想到除菌就选舒肤佳的目的。

品牌定位是告诉消费者你能帮他做什么，是传达给他的价值点，是要打动他并让他有所行动的。IP形象可以代表企业的形象，把它拟人化，建立性格，帮助品牌建立知名度。

2.1.3　品牌形象设定

品牌设定的关键是形象设定，包括品牌个性、品牌形象、品牌角色。

1. 品牌个性

品牌个性是用户认知中品牌所具有的人格特质，就是人格化的品牌形象。

通过拟人化的处理来进行品牌形象的塑造，让品牌看起来更像人一些，借此赋予品牌一定的性格色彩，可以拉近品牌与用户的情感距离。

2. 品牌形象

品牌形象与品牌联想相关联，包括产品形象、企业形象、使用者形象。但从品牌建设的角度看，一般就等同于品牌所代表的使用者形象，指用户对品牌使用者是一群什么样的人所产生的联想。比如提起厨房用品，一定会有主妇、妈妈、美食爱好者的形象。

3. 品牌角色

品牌角色是比品牌个性、品牌形象更加全面、更立体、更完整的体现，如果说品牌个性、品牌形象有些缥缈，那么品牌角色相当于将一个能代表品牌内在与外在的大活人推到人们的面前。

就像美国的万宝路品牌，它的每一则广告都有牛仔出现，牛仔的外貌、穿着、神态、表情都可以被直观地看到。人们通过这个牛仔角色，能读懂品牌想表达什么，联想到品牌是什么样子。

当品牌像万宝路那样，设定一个实体化的角色，品牌就有了一个完整且具体的品牌角色。品牌角色通常是对标品牌的目标群体进行设定的，要根据用户群体在人口统计上的特征，他们的观念态度、生活方式、消费行为，以及他们的娱乐模式来设定。

因为用户在现实生活中本身就扮演着不同的角色，如父母、子女、爱人、职场工作者、学生等，在不同阶段，因不同的选择而拥有不同的生活方式，身处不同的生活场景。品牌角色于用户而言，既有着身份认同的作用，也有让用户对"理想的我"的投射作用。

品牌角色不限于某一个角色。有的是卡通形象，也叫作品牌吉祥物；有的是数字虚拟形象；有的是万宝路式广告中的角色；还有的是真人，如品牌创始人、员工、形象代言人等。

2.1.4 品牌创建

创建品牌资产需要企业在消费者大脑中进行合理定位，并尽可能获得消费者的品牌共鸣。一般来说，这种知识构建流程取决于三个因素。

第一，构成品牌元素的初始选择以及如何进行组合搭配。

第二，营销活动及营销支持方案以及将品牌整合进去的方式方法。

第三，通过与其他一些实体（如公司、原产国）相关联，从而间接产生品牌联想。

1. 选择品牌元素

品牌元素也称为品牌特征，是那些用来识别和区分品牌的商标设计。通过对品牌元素的设计和选择，强化品牌认知，形成强有力的、偏好的、独特的品牌联想，或者形成正面的品牌判断和品牌感受。

品牌元素有名字、符号、定位、包装、IP 形象、特性、颜色、声音等。

选择标准包括能注册、易读、易记忆、易回忆、独特。

每个品牌元素对品牌认知和品牌形象起着重要作用，形成品牌识别。其中名字、符号、品牌定位、IP 形象是品牌的重点。

（1）品牌名字。

品牌名字很重要，后期推广费用高不高，全看名字。其实就是看这个名字拗不拗口，好不好记忆。已经存在于消费者大脑的词语很容易让消费者混淆，只有创造出一个简单的不拗口的词语，消费者才能在脑子里面有那么一个烙印。

取名字的方法有数字法（如 999 感冒灵）、人名法（如张裕葡萄酒）、动植物法（如小米）、地名法（如青岛啤酒）、产品功能法（如感冒灵）等。

（2）品牌符号。

品牌符号要简单明了不复杂，最好让人看了能知道这个品牌的价值是什么。后期品牌识别的时候，别人看到了这个符号，再看到名字，就能联系在一起产生联想。

2. 品牌的品项

当提到一个品牌时，首先会想到哪个产品呢？这个第一时间被想到、能够代表品牌存在的产品，就叫作品牌的代表品项，是影响品牌的一个关键要素。

品牌的代表品项对品牌有重大影响，所以塑造品牌时要选准品项。因为品项是产品品牌的具象化载体。品牌决定了消费者对产品价值的判断，反过来说，产品作为品牌的基础，也会影响消费者对品牌的感知。品牌首先来自基础的产品功能利益和品质、产品使用经验和感受及产品的象征意义和社会价值。

现以奥迪的代表品项谈谈品项对品牌的影响。提到奥迪，很多人脑海中马上会浮现出一辆黑色的奥迪 A6。奥迪品牌今天遇到的种种问题和挑战，可以用这一个代表品项来概括。

（1）年轻化问题。

过去，豪华车市场主要是公务消费，黑色的奥迪 A6 是公务采购的标配车型。这款产品帮助奥迪登顶中国豪华车市场销冠的王座，也在消费者内心留下了深深的烙印。

提到奥迪联想到的品牌形象就是大气、稳重、官车气势十足的黑色 A6。这就是代表品项对品牌形象的影响。

但是随着豪华车市场走向私人消费，并且日渐年轻化，奥迪这一品牌形象就变成了劣势，尤其是在年轻一代消费者眼中的形象变得保守、传统、缺乏个性，亟待改进。

（2）高端化问题。

提到奔驰宝马的时候，消费者想到的是奔驰 S、宝马 7 系这样的高档车型，而提到奥迪想到的是中档车型，奥迪的豪华感自然比奔驰宝马低了一大截。

品牌的豪华感，不只是看品牌的技术、设计、做工、历史，更不是看你售价最昂贵的产品表现如何，而要看品牌的代表品项表现如何。

如可口可乐，如今大家经常买到的可乐产品是 330mL 的易拉罐装和

500mL 的塑料瓶装，玻璃瓶装的可乐已经越来越稀少。但是，如果留意一下可口可乐的广告，你会发现可口可乐广告中经常出现玻璃瓶的身影，而且可口可乐还将它的造型剪影印在易拉罐瓶身上。这不仅仅是因为玻璃瓶的弧形瓶设计是可口可乐的注册专利，还因为它是过去一个多世纪最具代表性的品牌识别符号。所以玻璃瓶装可口可乐才是其品牌的代表品项，是最具标识性的产品，虽然它已经不是主销产品。

今天很多企业都是多产品运作，产品线又长又复杂，在产品策略上，传统习惯分主销产品、利润产品、形象产品等。主销产品用来做销量，打好用户基础，并吸引流量，但它可能利润并不高；利润产品用来做补充，提高企业利润率；同时，在产品组合中还有高端产品线，用于提高品牌形象与档次，企业中的战略产品可作品牌的品项。

但是，在设计产品组合策略时，还应从品牌认知的角度去考虑。

企业的产品组合，既要根据细分人群和价格带明确不同产品之间的区隔，设定好不同产品各自要承担的营销任务，还要想清楚品牌的代表品项是哪个。

品牌通过品牌体验、品牌形象的集合，去影响消费者对产品价值和品质的感知。产品通过产品功能利益和代表品项，去影响消费者对品牌的感受与评价，这就是品牌与产品之间的相互影响、相互作用，二者各有不同，却又不可分割。

3. 品牌符号识别系统

企业视觉识别是企业形象具体化、视觉化的表达形式。一个好的企业视觉识别能把企业的基本特征表现出来，让顾客一目了然地掌握其所传达的信息，轻易地达到识别和认知的目的，因此，VI（视觉识别系统）是企业的"脸"。

品牌符号识别系统主要指品牌的视觉体系，涉及品牌命名、Logo、标识、VI 系统，也包括产品设计、产品包装设计、吉祥物等。

品牌视觉体系，一般包括基本的 Logo、VI 等，还包括产品设计、包装设计、品牌形象、线下空间等，主要是帮助品牌创建独有识别的识别符号，深刻影响用户第一眼对品牌的感知。

一般来说，现在的标识设计包含图形、文字、色彩三个主要元素的组合，是一门设计学，早些时期可能是设计成图案或直接采用图片，比如苹果公司的标识最早就真的是一棵苹果树……

一般品牌的标识需要从产品属性与特征、品牌名称与创始人、文化原型中进行关联，比如肯德基采用了上校图像、星巴克采用了海妖元素、汉堡王就是一个汉堡。

同时也要注意呈现的联想性，即用户看到时会想到什么。往好了想，还是往坏了想，会产生什么评价？

有些品牌的设计，看上去有高级感，有的则没有，这是因为品牌设计也在向用户传递信息，会让用户很直观地感受到品牌的价值与形象。用户会进行联想，当用户感受到不恰当或根本感受不到有什么意义时，结果就会很糟糕。

品牌的核心是人与人之间的联系和沟通。品牌是基于思想、情感和分享体验的，是一种精心打造的与人的关系。这种关系分解为一个简单的等式：识别 + 体验 = 品牌。

什么是品牌识别或体验呢？

（1）品牌识别：目的、个性。

为了与人沟通，好的品牌就像人一样，发展出独特的个性、外观和沟通风格。这些特征成为品牌标识的一部分，品牌识别应反映出其鲜明的个性和统一的目的。

就像一个人的身份一样，品牌的身份也超越了它的外表，包含了一套完整的特征，让人感觉它是可关联和人性化的。

（2）品牌体验：界面、互动和情感。

识别系统本身并不意味着什么，品牌和人们只有通过表达自己的个性才能发展关系。品牌通过体验与世界沟通，体验是一条双向的道路。

体验会迅速定义其与品牌的关系，并逐渐定义品牌本身。锁定品牌体验至关重要，正如品牌大师马蒂·诺伊迈尔所说："你的品牌并不是你所说的样子，而是用户所说的样子。"

（3）把所有的东西放在一起。

当一个品牌以与合适的人产生共鸣的方式表达它的身份时，它是最成功的。

例如耐克和苹果，这些品牌通过一致的体验呈现出清晰、独特的身份，对与目标受众建立强大的联系有很大的帮助，即不仅会创建新客户，还有忠实粉丝。

2.1.5　品牌故事

品牌故事应该曲折离奇、峰回路转，有强大的情绪感染力，应该和一本引人入胜的小说一样，让读者喜欢并读得下去。只有细腻、个性、情绪的品牌故事，才能让品牌在用户心智中留下更深刻的印象。

一般来说，品牌故事可以从四个角度选取，即创始人故事、产品故事、员工故事、用户故事。

创始人故事方面，如奶粉品牌美赞臣、茶饮品牌奈雪等，它们的品牌故事多是关于品牌创始人的，一般都是"为什么这么做"。

产品故事类的品牌故事一般都是讲述产品历史、产品文化、产品研发、生产相关的故事，通常还加有文献记载、产地保护、产品技术、专利方面的证据。

员工故事类的品牌故事最经典的莫过于农夫山泉和中国邮政了，它们都曾推出过公司下面的工作人员的故事，如探寻水源地、邮递员送信的故事。

但最动人的，应该是出现较少的用户故事，其实用户才更应该成为各种品牌故事的主角。因为产品是给用户使用的，品牌是由用户去评价和定义的。人们为什么需要消费？除了物质层面的需求，还有情感、精神方面的需求，人们需要通过消费确认"我在社会的位置"。消费者之所以购买，是因为品牌能帮助用户成为那个理想中的自己，品牌如何帮助用户达到理想中的自己，更是品牌应该讲的故事。

2.1.6　品牌发展趋势

1. 从产品价值到品牌价值

通过建立品牌提升用户忠诚度，高价值产品的市场占有率持续增大，得到了更大的利润。因为高价值产品定位决策是和用户建立起一种长期关系，一旦满足消费者的期望值，与其建立相同价值观，用户很可能在未来都购买相同品牌的产品，甚至会主动关注品牌的新产品，并对其产生强烈信任感和忠诚度。

消费报告也显示，越来越多的中国消费者开始只关注少数几个品牌甚至某一个品牌，例如在服饰品类，愿意选择自己关注范畴之外品牌的消费者比例，已经从 2011 年的约 40% 降至 2015 年的不足 30%。

产品定位最开始的一步是找到市场产品机会缺口，进而将其分解为产品价值机会与产品定位。产品功能特征、造型设计以及市场策略都是价值机会的外化表现。

这个外化的过程必须与产品和品牌的战略相结合，但是目前很多企业的产品和品牌是割裂开的。新兴的创业团队往往专注于打造一款爆款产品，而将品牌建立在一种偶然性的基础之上，并没有对其精心设计，导致后期重塑品牌变得更加昂贵与困难。

一个有效的产品开发程序必须将公司的宗旨和品牌与用户和产品联系在一起，这要求公司利益相关者对产品、产品和竞争对手的关系以及产品与公司其他方面价值观之间的关系有一个共同的认识。团队必须深入了解用户的本质需求与期望的体验，进而将其转化为产品开发标准。

未来消费将不断升级，产品发展的趋势主要方向是更健康（新鲜、原材料、养生等）、更美好（颜值、功能、时尚等）、更便捷（简单、便携、省时省力等），以及精神附加值更高（个性、环保、社交等）。

2. 品牌价值的感知升级

不可否认的是，过往品牌价值的载体注重的是产品交易，现在渐渐向泛服务转变。产品满足人们需求的方式通常都非常聚焦，但是不能满足用户流程性的体验需求。

比如用户想要的是将油画挂在墙上，这个过程中仅有一个好用的电钻不行，还需要测量、标点、选择钻头和钉子、做好碎渣粉尘的预防与清洁。这时候需要产品服务系统带来更好的体验并将其转化为高层次品牌价值。

品牌与人的互动不局限于产品交易环节，而是蕴藏在两者接触的所有泛服务当中，泛服务赋予传统产品新的内涵与价值。

过去房产和汽车等强营销行业近年来都渐渐去营销化，向服务化和顾问化转型。蔚来汽车的 NIO House 以协助人们获得深度体验为目标，而不是去询问客户是否买车；星巴克的业务不仅仅是售卖一杯咖啡，而是推销一种生活方式；过去的房企都在专注造房子，近年来房企开始"去地产化"向服务型企业转型。2019 年绿城生活开发者大会上推出"服务体系 2.0"服务概念，数字化、构建会员体系和空间设计等手段整合服务，将人们的功能性居住需求转变为理想生活的追求。

3. 品牌价值人格化

曾经风靡市场的科技品牌诺基亚从 2008 年开始跌落神坛，同年苹果公司的乔布斯发布 iPhone 3G，这其实涉及品牌维护的问题。

诺基亚本身的品牌基础以及研发投入都是很强的。外界宣导的"科技以人为本"在实际上只做到重视科技，但是并没有做到以人为本，用户的需求和价值观是随着时代变化而变化的，品牌需要持续更新对于人的理解，内化并进一步创造人们可感知的价值。

过去选择一个品牌可能因为好看、好用以及能够更好地解决问题，现在人们关注的更多了，品牌如何看待我，赋予我什么意义，产品与用户之间的三观是否相匹配，等等。这就需要品牌与目标用户之间建立价值共鸣。

根据马斯洛需求层次理论，在用户基本的生理、安全和归属需求满足的前提下，更需要被尊重、被理解和被关怀，同时更加注重自我价值实现。平等、直接、真诚地共同成长是未来品牌与人的互动趋势。

品牌一对一的人格化使得品牌价值更容易被感知，更具有延展性和可持续性。比如民族品牌华为受到美国的强烈压制，却受到国内用户的一致支持，华为公司的一系列反击互动行为激发人们的民族自豪感，快速实现品牌人格化，增强了国内用户对该品牌的共鸣和价值认同。

无论是产品定位还是品牌价值，企业制定的策略都是围绕用户这一中心而展开的，高价值的产品是实现品牌价值的前提。做好产品和品牌需要从理解目标用户的价值观开始，然后将这种价值观认识与品牌更远大的价值目标相结合，实现品牌价值最大化。

2.2 品牌发展分类

综合考虑产品、影响力、规模、发展等因素，品牌的发展可被分为产品品牌、品类品牌、主品牌3个阶段。本质上，每个阶段的品牌营销目标都是业务增长，但做法和重心有很大的差异。产品品牌应该打造产品的差异化，品类品牌应该优先按照专业化打造，而主品牌应该按照社会化方向打造。

2.2.1 产品品牌

初创品牌叫产品品牌更贴切，一般来说初创品牌与产品是一一对应的关系。

如果产品设计完备而且又有大把的营销费用，那就很简单，请代言、做广告、做促销，初创品牌就是做增量。

不过，多数产品品牌在没有拿到融资之前面临多方面的压力：营销方面的投入捉襟见肘，领导要看到用户增长，产品的市场又是一片厮杀的红海……怎么办?

可以有以下几个方向来提升增量。

1. 让用户能够找到你

选一个主阵地，优化产品对外官方平台，一般而言主阵地主要有官网、App、微信公众号等，而这几个都需要有自己独立的功能。官网等于品牌展示平台、App 等于产品消费与体验平台、微信公众号等于优惠与售后平台。

2. 让用户感受差异化

对于用户来说，现在是一个消费品过剩的时代，选择困难是现代人的通病，如何在多种相似产品中脱颖而出，就需要让用户感受到产品的诚意和差异，可从3个方面实现：体验、故事、服务。

（1）超预期体验。

超预期体验的第一部分由产品负责人与品牌人员共同完成，根据消费者体验路径和产品本身特性不断优化体验。第二部分则由营销人员主要负责，即超出预期的营销环境、试用、促销以及系统售后服务。在这一部分，品牌营销人员要设计好所有的服务通路，包括售后服务流程、服务标准、服务基本话术、客户回访与评价体系等。

（2）共鸣的故事。

故事的核心是共鸣感，共鸣感应该带着一种高级感，这种高级感来源于围绕产品价值和品牌调性倡导的积极向上的态度、性格、价值观等，而具体操作手段基本以节点性事件海报、创意性的事件营销、品牌联合营销或促销、关键人物背书、价值创意故事、用户故事为主。

3. 让用户替你传播

要做到用户替品牌传播，最简单的办法就是"给好处"。用户传播之后要能得到某种好处，而这个好处要包含物质好处和精神好处两部分。

实实在在的好处是物质的好处，传播的激励机制主要有邀请送、分享送、评论送、团购价等。

（1）邀请送。

设置几个层级，邀请不同数量层级送不同的价值产品，比如优步公司刚进入中国市场时，为了和滴滴公司抢夺用户，对新注册用户送券、邀请好友双方可得免费券。不同产品可以根据用户对产品的刚需而定，比如消费品送消费券、折扣券，学习平台送买课积分等。

（2）分享送。

分享送的形式相对来说操作简单，一般是推广性的文章集赞之类的。

（3）评论送。

评论送的目的是积累早期的用户口碑，让观望或犹豫的用户看到实实在在的用户体验信息，引导消费。

（4）团购价。

团购价主要用来做促销，或者让老用户带新人参加。

带来愉悦感的好处是精神的好处，其本质是做内容，做能够引发传播的内容。大浪淘沙，总有很多品牌在市场中淡出我们的视野，而也有一部分品牌逐渐拥有了相对稳定的市场。品牌为了提升品牌层次，需要努力向第二个阶段迈进，即品类品牌。

2.2.2 品类品牌

消费者在购买决策中所涉及的产品分类可以关联到的品牌，就是品类品牌。特别是在产生某种消费需求后，第一个想到的品牌，就是头部品类品牌。比如提到空调，顾客首先想到的是格力；提到纯净水，顾客能够想到娃哈哈；提到高档超市，顾客能够想到沃尔玛。空调、矿泉水、超市，这些都是品类；而格力、娃哈哈、沃尔玛则是品类品牌。

成为品类品牌要做到两步。

第一步是定位。

市场定位是指为使产品在目标消费者心目中相对于竞争产品而言占据清晰、特别和理想的位置而进行的安排。具体如何做好定位，需要做好 3 部分的工作：梳理自身与头部企业的相同与不同；找准机会切入细分市场或选择一个消费者记忆中的品类；对细分市场进行创意化词汇描述。

第二步是做专业化，稳固自己的品类品牌概念。品类品牌的专业化需要做 3 个方面的工作：产品与服务的专业化、形象与价值的专业化、用户的专业化。

（1）产品与服务的专业化。

在产品与服务上深度耕耘，投入研发，再通过行业媒体、行业展会、行业论坛、专业访谈、解决方案、客户体验反馈等形式进行传播。

（2）形象与价值的专业化。

这一工作的主要内容就是展示品牌个性和品牌拟人化。品牌个性和品牌拟人化都需要一个共同的结果，就是能代表什么，这也是品牌 IP 化的开始。

（3）用户的专业化。

用户专业化的核心做法是品牌成就用户，即让用户通过你的产品、你的品牌获得专业知识的增长，当这个消费者成为普通人眼中的专家后，自然也会成为你的品牌传播者。计算机行业的营销可以视为用户专业化的一个典型例子，企业会根据不同的用户群体（如企业用户、专业人士等）提供不同类型的产品和服务。例如，面向设计或软件开发用户的笔记本电脑可能会强调便携性和特殊性能，如果用户使用良好，可能会向朋友或同事推荐这一公司的电脑产品。

2.2.3　主品牌

品牌通过长期的运营，占领了品类之后，继续发展壮大之后会逐渐成为一个综合性的品牌，这个时候品牌建设到了第三个阶段——主品牌，又叫公司品牌。

如何评判一个品牌是否到了主品牌的建设阶段呢？其实从新产品命名就可以看出，在命名时采用母子品牌的命名方法，在品牌运营上产品品牌大于主品牌，便是进入了品牌的建设阶段。

主品牌的品牌营销工作可以向以下几个方面倾斜。

1. 承担社会责任

当进入主品牌后，单纯的功能营销或者专业化营销对于综合性企业来说可能会成为束缚，所以与其聚焦在具体的价值化营销，不如把精力放在社会责任的营销。

社会责任的营销常被误解为公益捐助，公益捐助往往因为消费者参与度有限，效果不可控。所以，品牌营销人可以寻找一个社会性问题主动承担，在例如支付宝和腾讯公益的平台发起活动，鼓励全民参与，既能带动持续的访问量，又能获得社会赞誉。

一般可以主动承担或选择的社会责任事件有环境问题、教育问题、健康问题、就业问题、文化问题、社会热点等。

2. 价值观倡导与文化传播

社会价值观的积极引导，比如腾讯公司的科技向善，倡导的价值理念就是引导人向善、帮助解决人类终极发展问题，所以价值观的引导是主品牌需要做的问题。另一部分关注重点是品牌故事的挖掘，可以挖掘企业故事，包括曲折性故事、创新性故事、鲜明人物、节庆活动等。

总之，注重宣传主品牌的企业一般是头部企业，不管做什么都会被关注和有效引导，可以进行持续不断的发声，通过大型的展会、论坛、专业出版物等形式做强品牌营销。

2.3 品牌架构体系

品牌架构是品牌家族中的主品牌与产品品牌及各产品品牌之间关系的综合。科学地规划品牌架构，梳理好主品牌、品类品牌与产品品牌、各产品品牌之间的关系，使它们产生互动，相得益彰，相互提升，形成整合力，才能节省成本，实现整个品牌家族的效益最大化。

基于内外部竞争，品牌架构主要有以下几种方式。

2.3.1 层级品牌架构模式

层级品牌架构模式是将主品牌和产品品牌分别纳入架构范畴，按照竞争发展需要，分为不同的层级。其中最为典型的模式为两层级架构模式，主品牌处于层级的上层，产品品牌处层级的下层。在层级设置中，不同层级品牌的群体定位和诉求重点不同，诉求的长短期目标也不同，各层级面对的特定消费群体和市场竞争压力也不同。层级品牌架构的主要优势，一是保持主品牌价值观的长期稳定；二是解决品牌扩展问题，为产品扩容预留足够的发展空间。比较典型的例子有美国苹果公司的品牌架构设置，其企业层级的品牌为 Apple，产品品牌层为 iPhone、iPad 等；Apple 的诉求重点为苹果企业价值观；iPhone、iPad 等诉求重点为产品质量信息。

在市场营销过程中，两者的品牌宣传内涵不同，消费者认知也不同。在层级架构中，主品牌层主要关注企业的长期性发展策略，明确企业的价值观、策略观、社会责任等长期性规划。消费者通过接触主品牌，来获知企业的长期性价值观信息。在主品牌宣传中，品牌诉求的核心是突出企业长期性规划发展理念。为此，需要企业归纳范围较为广泛的、富有包容性的价值观内涵，来满足长期性发展需求。如 Apple 品牌塑造的"技术创新、行业领先优势"等价值观，就是一个规划性的长期核心内涵，代表主品牌的核心价值。处于底层的产品品牌，其价值诉求重点与主品牌不同，主要集中于突出产品质量功能特征。产品质量性能是其品牌宣传的重点，也是形成产品竞争差异的重点。产品之间的竞争，将表现为产品品牌之间的竞争，竞争手段较为直接。如 iPhone 品牌的主要竞争对手为三星、华为等公司的智能手机品牌，其竞争重点在于突出手机的商务和娱乐服务功能。iPhone 品牌通过突出"优化触摸感"功能来展示竞争优势，丰富竞争内涵，形成差异化功能定位，提高产品品牌市场竞争力。底层品牌的产品价值观，具有较强的独立性，且其内涵变化的概率较大，常随着市场竞争的需要，不断调整品牌竞争力内涵。底层品牌的设置优势在于可解决产品扩容问题，为产品扩张提供发展空间。同时，底层品牌有"止损器"功能，避免由于个别底层产品品牌经营失败而对主品牌造成灾难性影响。当底层产品品牌由于出现产品质量问题，出现消费者信任危机时，可抛弃底层品牌，降低其对主品牌的影响，避免底层品牌对主品牌造成伤害。

另外，对于那些不具有市场竞争力的底层产品品牌，可以通过品牌转让或出售等行为，实施品牌切割，获取最大化的收益。

2.3.2　平行品牌架构模式

平行品牌架构模式是一种并列式品牌架构模式。在平行品牌架构模式中，主品牌与产品品牌处于平等位置，主品牌与产品品牌的宣传重点和价值内涵不同。

主品牌突出企业长期性价值观信息，其内涵有两个层面：企业价值观内涵和产品后续服务内涵。企业价值观内涵注重提供长期性服务信息，告知消费者企业的长期性经营理念，指明企业的发展方向。产品后续服务功能内涵，在于提供产品后续服务质量信息，树立消费选择信心，为市场销售行为服务。如美国 IBM 计算机公司，"IBM 就是服务"的品牌宣传行为，就带有典型的后续服务信息供给功能。对消费者而言，购买 IBM 公司的电脑，就有权获取品牌后续服务功能，扩展电脑功能。

与主品牌宣传的价值重点不同，产品品牌的价值内涵在于提供详细的产品质量功能信息。通过功能差异，形成产品市场竞争差异，与竞争对手拉开距离。产品品牌价值观内涵的宣传重点，主要包括以下几个层面：一是突出产品功能差异，二是扩展产品技术功能，三是优化产品设置。突出功能差异，在于明确品牌与竞争对手之间的功能性差异，引领消费认知差异，引导消费行为。产品功能扩展，在于告知扩展性质量功能信息，为服务延伸提供保障。产品功能优化，在于提供综合性质量信息，诉求感觉差异，提高竞争效果。

在平行品牌架构模式中，市场策略与宣传的重点，通常随着竞争环境的变化而变化，并没有固定在主品牌或产品品牌上。当竞争环境需要宣传企业价值观时，品牌宣传资源投放重点向主品牌集中；当需要突出产品质量功能信息时，宣传策略将向产品品牌转变。至于如何确定品牌宣传的方向和重点，则取决于市场竞争的需要。

2.3.3　单一品牌扩展架构模式

单一品牌架构模式指企业只使用一个品牌来覆盖所有产品类型，提供产品质量功能与企业价值观信息。这种品牌架构模式，一般不设置产品品牌，只使用主品牌作为品牌架构的基础，全面代表企业和产品综合功能信息。在单一品牌扩展架构模式中，产品差异主要通过型号差异来实现。如宝马品牌就是典型的单一品牌构建模式。宝马品牌在单一企业品牌基础上，通过设置"7系列""5系列""3系列""1系列""X系列"等标志，实现产品差异化定位，区分产品类型。在宝马单一品牌架构模式中，所有产品系列都遵循"运动、高速、领先"的品牌质量信息。产品选择及扩展，主要通过增加产品系列来实现，例如宝马在X系列X1、X2、X3、X4、X5、X6规格的基础上，增加了X7的规格。产品类型抛弃，将通过减少系列标志来实现。在单一品牌架构模式中，品牌宣传的重点包括企业价值观和产品质量功能信息。企业价值观是单一品牌扩展模式的核心内涵，产品质量功能信息是品牌概念的外延。所有功能选择及定位，必须围绕着核心内涵展开，以保证品牌内涵的稳定性。任何品牌宣传行为，必须紧紧围绕企业长期性理念展开。

2.3.4　产品品牌与产地标志并用的品牌架构模式

产品品牌与产地标志并用的品牌架构模式，是一种只设置一个产品品牌，并配合使用产地标志的品牌架构模式。在这种品牌发展模式中，产品品牌是主品牌，是产品宣传的重点。任何产品宣传行为，必须以突出产品功能信息为核心，功能差异是形成品牌区分的主要手段。产地标志是突出产品质量差异的主要标志，也是等级差异区分的主要标志。如葡萄酒品牌，不同产地的产品、质量差异较大。在这种品牌架构模式中，品牌和产地标志的功能不同。品牌直接作用于产品区分，产地标志直接作用于质量等级划分。企业的市场营销行为，将直接作用于产品品牌推广行为，提高品牌竞争力。

因此，品牌构建动力来自外部市场竞争力压力和内部产品扩容需要。4 种品牌架构模式的作用机理和市场竞争方向不同，其最终目的在于提高品牌的市场竞争力。

第3章

品牌战略架构

企业采用不同的品牌组合来吸引不同的细分市场客户，而品牌架构决定了哪些品牌元素能用于新的和现有的产品和服务。

把品牌组合和品牌架构结合起来，再结合消费者、公司、竞争等因素，就可以帮助企业制定最佳的品牌战略，如图 3-1 所示。

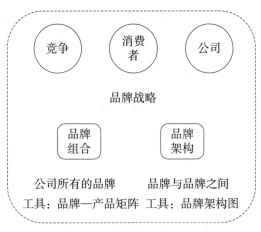

图 3-1　品牌战略的影响因素

3.1　品牌组合矩阵

一个品类市场存在很多细分市场，由于公司不同的目标市场对某一品牌的偏好各不相同，因此公司有必要采取多品牌的做法来提升市场的覆盖率。

可以用品牌—产品矩阵工具来分析公司的所有品牌组合，品牌—产品矩阵以图的形式来表现公司卖的所有产品和品牌，如图 3-2 所示。

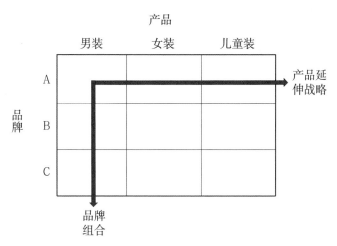

图3-2　品牌—产品矩阵

矩阵行：表示公司卖的所有产品，反映出品牌延伸战略。判断一个品牌的延伸是否可行，就看这个新品牌能否有效地提升现有品牌资产。

矩阵列：表示每一个品类下的品牌数量，反映出品牌组合战略。公司设计和营销不同的品牌，是为了吸引不同细分市场的顾客。

品牌在组合中可以起到非常特殊的作用。例如，侧翼品牌用来保护其他更有价值的品牌，低档的品牌可以吸引更多消费者，高档品牌有助于提升整个品牌线的价值。

公司必须深刻理解每一个品牌为公司做了些什么。更重要的是，自己希望为消费者做些什么。例如宝马汽车分为轿车、跑车和越野车。

未来市场覆盖最大化，品牌多样化是多元化经营企业的常态，一个品牌应瞄准不同的细分市场。

设计品牌组合战略的基本原则：第一，市场覆盖最大化，不要忽略任何潜在的用户；第二，品牌交叉最小化，避免自己的品牌自相残杀；第三，保证每个品牌应该有独特的目标市场和定位。

品牌组合管理的经济性原则：第一，品牌组合可能过大，要扔掉几个品牌才能提高利润；第二，品牌组合可能太小，要增加品牌才能提高利润。

3.2 品牌建设矩阵

品牌建设矩阵是知名品牌营销专家颜金伟先生率先提出的市场营销专业术语，是品牌建设的关键性工具之一。运用品牌建设矩阵，可以对品牌建设中最复杂的品牌认知和品牌态度进行解构，从而有效定义品牌建设的目标矩阵和现状矩阵，并通过对目标矩阵和现状矩阵的对比准确界定出品牌的鸿沟。然后，再运用正确的品牌建设方法填补品牌鸿沟，从而实现建设一个成功品牌的目的。可以说，品牌建设矩阵是以上工作的点睛之笔。

品牌建设矩阵的基本理念如下。

第一，每一个商业品牌，都可分为两大类元素，即核心层和延伸层，二者相辅相成。核心层，指的是品牌内涵中最重要、最独特、最个性的元素；延伸层，指的是一些并非特别关键，但也不可忽视的品牌元素。

第二，从受众角度来看，每一个商业品牌，都会在受众心智中引起感性态度和理性认知两种类型的共鸣，二者互相支撑。

第三，将以上两个维度分别作为矩阵的两个坐标，就可以得到 4 个区域的矩阵图，就是品牌建设矩阵。品牌建设矩阵模型如图 3-3 所示。

图 3-3 品牌建设矩阵模型

第四，当对某品牌进行分析时，可以对该品牌的各方面元素进行整理归纳，放入品牌建设矩阵对应的各个区域中。

第五，如果用理想的品牌建设目标进行解构，得到的是目标矩阵；如果用品牌的现状进行解构，得到的就是现状矩阵。

第六，分析对比目标矩阵和现状矩阵，可以找出品牌建设的核心任务和内容。

案例分享

以麦当劳（中国）公司为例，分析一下麦当劳品牌在中国的现状。麦当劳（中国）公司"核心—感性态度"是"快乐"。麦当劳公司几乎所有的广告，都强力诉求"快乐"的元素，从麦当劳大叔的笑脸到"我就喜欢"等。

在"核心—理性认知"方面，考验的是消费者是否真的对这个品牌有深入的了解。比如"麦当劳餐厅很干净，连厕所都有专人负责，清理及时""麦当劳的食品，每家店都品质如一""麦当劳有一些人性化的服务，比如给过生日的儿童办聚会"。当然，也有一些不太好的内容，比如"高热量"等。

在"延伸—感性态度"方面，有浓厚的"美国经济和文化代表"的色彩，它的高速扩张，它的快餐文化，它的小时工制度等，都打上了浓重的美国烙印。

最后，在"延伸—理性认知"方面，可以填入的内容有一个资本雄厚的企业、优秀的连锁经营管理企业等。

这样，麦当劳（中国）公司的品牌现状矩阵就刻画出来了，品牌现状矩阵图如图3-4所示。

图3-4 麦当劳的品牌现状矩阵

然后，再来勾画一下麦当劳（中国）的品牌目标矩阵。麦当劳（中国）一直致力于扭转"垃圾食品"的负面形象，塑造"健康食品"的概念。

　　所以，在目标矩阵的"核心—感性态度"区域中，把"垃圾食品"更改成"健康食品"。

　　为了完成从"垃圾"到"健康"的转变，麦当劳开始强调自己的"用油健康"，并开始仿效赛百味采用新鲜蔬菜以及控制卡路里。所以，在目标矩阵的"核心—理性认知"区域中，删除"高热量"，增加"用油健康和新鲜蔬菜"。麦当劳（中国）也一直致力于本地化，开发出中式早餐等食品，目的是在目标矩阵中"延伸—感性态度"区域中增加"扎根中国"的元素。

　　由此，麦当劳（中国）公司的品牌目标矩阵就画出来了，如图3-5所示。将两个矩阵进行对比，就可以得出当前麦当劳（中国）公司的品牌鸿沟了。

图3-5　麦当劳的品牌目标矩阵

3.3　品牌分类

　　许多公司因为有多个品牌而采用了复杂的品牌战略。比如，一个品牌可能包含多种品牌元素，并同时应用于多个其他品牌，如宝洁公司的品牌体系，如图 3-6 所示。在这种多品牌情况下，我们可以构建出一个品牌架构图，展示有多少新的和现有的品牌元素可以利用，以及如何组合。通过多种不同的方式塑造产品品牌。

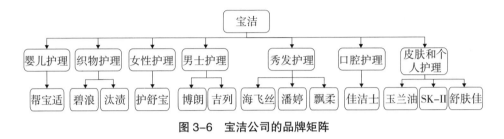

图 3-6 宝洁公司的品牌矩阵

企业可以根据自身的具体情况选择使用以下几种品牌战略。

3.3.1 家族品牌

家族品牌也叫统一品牌，即企业所有的产品（包括不同种类的产品）都使用同一个品牌。是否实施家族品牌模式的依据要看产品的相关性大小，相关性大则可以使用家族品牌模式，如果相关性很小则分别使用不同品牌。

例如，松下公司的洗衣机、空调、冰箱等产品都统一使用"松下"的品牌名称。其优势是家族品牌可以降低新产品的宣传费用。劣势是，在统一品牌下，如果某一种产品出现了问题，可能会影响企业的整体形象并殃及企业的其他产品。

3.3.2 产品品牌

产品品牌就是企业对不同品类或档次的产品分别使用不同的品牌。例如，卡夫食品公司对其饼干分别使用了奥利奥、趣多多的品牌，同时还生产麦斯威尔咖啡。

其缺点是，不同的品牌需要投入大量的时间和费用，分散了企业的资源。

3.3.3 品类品牌

品类品牌就是企业把所有产品进行分类，然后为各类产品赋予不同的品牌名称和符号。

这种策略可以看作是上面两个策略的折中，可以兼收统一品牌和个别品牌两种策略的优点。对于经营产品的范围跨度较大或品类繁杂的企业来说，这种策略是不错的选择。

3.3.4　组合品牌

组合品牌是企业对不同的产品分别使用不同的品牌的同时，还在品牌前面冠以企业的统一品牌。例如，欧莱雅集团公司的"欧莱雅—美宝莲""欧莱雅—兰蔻"；通用汽车公司的"通用—雪佛兰""通用—别克"等品牌。

这种策略兼有统一品牌和个别产品品牌的优点。既可以使新产品享受企业的声誉，节省广告费用，又可以使各品牌保持自己的特点和相对的独立性。

清晰的品牌架构和品牌组合就像一个家族的族谱一样，让别人从字辈、称谓就可以清晰地知道，每个人在家族里面的位置，人和人之间大概是什么关系。

第4章
品牌规划

企业要发展，往往需要推出多个产品或多个品牌来扩大业务范围。那么业务多元、定位不一的产品，究竟是该另立新品牌，还是在原品牌的背书下推出呢？新旧品牌、子品牌与母品牌之间，该怎样获得"1+1>2"的优势？

新推出的产品，是统一使用原有品牌，还是采用一个全新的品牌呢？标准是什么？若是采用新品牌，则意味着企业旗下拥有了多个产品品牌，这时便又有了新问题：不同品牌之间的关系如何处理？如何形成区隔，如何分配资源，又如何协同发展？产品品牌和主品牌又是什么关系呢？如何相互赋能与支持？

要讲清楚这些问题，就要理解品牌关系谱。

🔧 4.1 品牌战略选择模型

4.1.1 品牌关系谱

戴维·阿克教授提出的品牌关系谱，是品牌组合战略中最为重要的工具。它定义了一个品牌在企业内部扮演的角色，以及企业拥有的全部品牌之间的关系，包括产品品牌之间的关系、产品品牌与主品牌的关系、产品品牌与其他背书品牌的关系。

透过品牌关系谱，可以了解一个品牌在企业组织中的独立程度，也就是企业在战略执行中品牌被相互分离的程度，以及了解品牌在顾客心目中的独立性，在顾客购买决策时发挥驱动力的品牌因素是什么。

品牌关系谱包括单一品牌、主副品牌、背书品牌和多品牌4种基本品牌

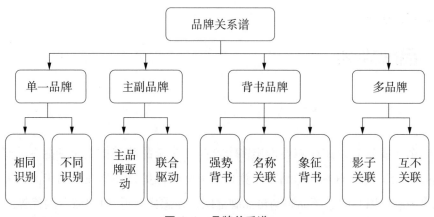品牌战略规划

关系，以及由此衍生出的 9 个次级关系，如图 4-1 所示。

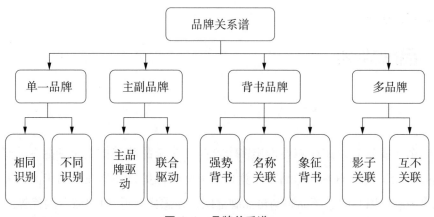

图 4-1　品牌关系谱

4.1.2　品牌战略选择模型

品牌关系模式与产品或业务资源优势大小、产品或业务关系关联度有关系。下面以横轴为产品或业务关系关联度大小，纵轴为资源优势大小，构建品牌战略选择模型，如图 4-2 所示。

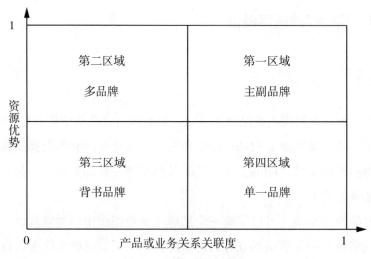

图 4-2　品牌战略选择模型

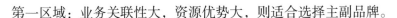

第一区域：业务关联性大，资源优势大，则适合选择主副品牌。

第二区域：业务关联性小，资源优势大，则适合选择多品牌。

第三区域：业务关联性小，资源优势小，则适合选择背书品牌。

第四区域：业务关联性大，资源优势小，则适合选择单一品牌。

4.2 单一品牌战略

单一品牌又称统一品牌，是企业所生产的所有产品都同时使用一个品牌的策略。在企业不同的产品之间形成了一种最强的品牌结构协同，使品牌资产在完整意义上得到最充分的共享。单一品牌一般比较适合于业务差别小的企业。

在单一品牌中，品牌将横跨不同的产品市场类别。它包括相同识别和不同识别两个次级关系。

4.2.1 相同识别

相同识别指的是所有产品使用统一的 Logo、VI 等品牌识别元素。比如大众汽车旗下所有产品，不光迈腾、速腾、辉腾、途观、途锐、途昂、帕萨特、高尔夫、桑塔纳等，所有车型悬挂的车标都是大众的 Logo。

再如飞利浦公司生产的音响、电视、灯泡、计算机、电动剃须刀、咖啡壶、果汁机等产品，都冠以同一品牌飞利浦。

4.2.2 不同识别

不同识别指所有产品使用同一品牌，但是在不同产品类别中，品牌的识别元素不同。

例如雀巢公司，雀巢的产品非常广泛，涉及咖啡、冷饮、奶粉、营养谷物、饮用水、饼干、宠物食品、调味品等。这些产品大多数使用雀巢这一品牌，但是在不同品类上雀巢的 Logo 却差别很大，如图 4-3 所示。

图 4–3　雀巢公司不同产品的 Logo 不同

4.2.3　单一品牌策略优势

企业使用单一品牌策略的好处是节约资源，所有产品、所有品牌的传播活动都围绕着提升同一个品牌的资产而进行，商家可以集中力量塑造一个品牌形象，让一个成功的品牌附带若干种产品，使每一个产品都能够共享品牌的优势，有助于形成品牌的规模经济效应。

当企业推出新产品时，使用原有成功品牌，可以节约推新的成本和时间，降低失败风险，比如海尔就是单一品牌战略的代表。海尔品牌 2005 年以 702 亿元的品牌价值连续四年蝉联榜首，比第二名高出 222 亿元。在 2005 年世界品牌 500 强中，海尔荣登第 89 位。海尔集团从 1984 年起开始推进自己的品牌战略，从产品名牌到企业名牌，发展到社会名牌，已经成功地树立了海尔的知名形象。海尔产品从 1984 年的单一冰箱发展到拥有白色家电、黑色家电、米色家电在内的 96 大门类 15000 多个规格的产品群，并出口到世界 100 多个国家和地区，使用的全部是单一的海尔品牌。不仅如此，海尔也作为企业名称和域名来使用，做到了"三位一体"。一个成功的海尔品牌，使得海尔的上万种产品成为名牌产品，单一品牌战略的优势尽显其中。

单一品牌的另一个优势就是品牌宣传的成本低，不仅仅指市场宣传和广告费用的成本，同时还包括品牌管理的成本，以及消费者认知的清晰程度。单一品牌更能集中体现企业的意志，容易形成市场竞争的核心要素，避免消费者在认识上发生混淆，也不需要在各个品牌之间进行协调。

4.2.4　单一品牌策略风险

采用单一品牌的劣势是会弱化各个产品的个性；如果不同产品间的差异较大，也会造成消费者对品牌认知的模糊，不清楚品牌究竟代表什么。

另外，单一品牌策略是将所有鸡蛋放在同一个篮子里，一个产品出了问题，就会影响整个品牌。如果某一品牌名下的某种产品出现了问题，那么在该品牌下附带的其他产品也难免会受到株连，甚至整个产品体系可能面临着重大的灾难。单一品牌缺少区分度，差异性差，往往不能区分不同产品的特征，不利于企业开发不同类型的产品，也不便于消费者们有针对性地选择。因而在单一品牌中往往出现"副品牌"。

4.3　主副品牌战略

主副品牌是统一的标志性主品牌与独立的副品牌组合使用的一种品牌经营策略。它包括两个次级关系：主品牌驱动和联合驱动。

主副品牌一般适合于业务差别大的情况。

4.3.1　主品牌驱动

主品牌驱动是指在主副品牌的结构中，起主要驱动作用的是主品牌。主品牌占据主角地位，它决定消费者对整个品牌的认知和联想。而副品牌则是弱势的，一般只是作为一个代号出现，不具备独立的品牌形象与个性，不能脱离主品牌而单独存在。

其组合模式一般是主品牌名称加上描述性产品名称，从而形成一个新的品牌名，再配合使用独立的品牌 Logo 和 VI 视觉识别系统。

比如美团公司就采用了主副品牌战略，除了美团主品牌外，还有美团外卖、美团民宿、美团优选、美团买菜等，它们各自有各自的品牌 Logo，各有各的诉求主张，各有各的 App 和小程序，业务和品牌经营独立运作，这些是由美团主品牌进行驱动的主副品牌模式。

对产品的品类和特点进行描述，但没有实际性增进消费者对产品认同和喜欢的，一般称之为描述性副品牌。如海尔电熨斗的副品牌小松鼠，亲切、可爱，特别适用于小家电，但仅仅增加了消费者的兴趣感，对吸引消费者实质性认同和喜欢海尔电熨斗的作用十分有限。

如网易旗下的网易新闻、网易云音乐、网易严选等，也是如此。在主品牌驱动模式下，"外卖""民宿""云音乐""严选"只是一个描述语。描述语不具备品牌属性，没有品牌驱动作用，也没有独立的价值主张。

4.3.2 联合驱动

联合驱动是指副品牌也很强大，具有独立的品牌形象个性；副品牌和主品牌可以并驾齐驱，共同发挥作用。其组合模式一般是主品牌名称加上副品牌名称，在应用时采用联合 Logo 组合使用的形式出现。

例如飞利浦公司，在母婴用品领域就有一个副品牌，叫作新安怡，在飞利浦生产的奶瓶、奶嘴上，及其广告画面中，会同时出现飞利浦的 Logo 和新安怡的 Logo。

联合驱动的一个重要特征是，副品牌可以脱离主品牌而单独存在，这时消费者也可以立刻知道它属于哪个主品牌。对很多妈妈来说，即使不提飞利浦，只提新安怡，她们也都知道这个品牌是什么，是谁家的产品。

不管是哪种模式，主品牌都是核心驱动者，副品牌与主品牌分享驱动角色，但是副品牌不可能起到超过主品牌的驱动作用，副品牌也不可能远离主品牌的识别。

例如丰田公司旗下所有车型都统一挂丰田车标，但是皇冠例外。皇冠是丰田的旗舰车型，经典、历史悠久、屡创销售佳绩，并且是丰田公司出口到中国的第一款车型。

为了强化皇冠的存在感，皇冠的车身上车头挂皇冠 Logo，车尾挂丰田 Logo。而且在皇冠的广告中，也会同时出现这两个 Logo，这其实就是联合驱动的品牌模式。

企业使用主副品牌的好处是统一性和灵活性的兼顾。主品牌可以建立统一的品牌形象，积累品牌知名度和联想等资产。

企业采用主副品牌的模式来推广新产品、新业务，实质上是借用已有主品牌的声誉和影响，给副品牌提供担保，增强副品牌的说服力和可信度，是一种"借船出海"的策略。

而副品牌的作用是将主品牌延伸到一个新的、重要的细分市场，主品牌在副品牌的帮助下覆盖不同类别的市场。同时，副品牌可以对主品牌的联想做出改进，保证主品牌在不同领域、不同细分市场有不同的价值和个性表达。

不过，只有品类定位足够宽、品牌内涵足够广的品牌，才具备向细分市场延伸副品牌的空间。如果消费者提到某品牌时，脑海中联想到的不是一种抽象的理念和价值，而是某个具体产品，那是很难延伸的。

对于副品牌来说，副品牌能几乎不花钱就让消费者感受到全新一代和改良产品的问世，创造全新的卖点，妙趣横生并赢得新的心理认同。副品牌策略只要巧加运用，便能在不增加预算的前提下低成本地推动新产品的成功。

副品牌战略的基本特征和运用策略如下。

（1）重心是主品牌，副品牌处于从属地位。

消费者识别、记忆，并产生品牌认可、信赖和忠诚的主体是主品牌。企业应该最大限度地利用已有成功品牌的形象资源，否则就相当于推出一个全新的品牌，成本高、难度大。

比如海尔的神童洗衣机，副品牌神童传神地表达了"电脑控制、全自动、智慧型"等产品特点和优势，但消费者对神童的认可、信赖乃至决定购买，主要是基于对海尔的信赖，因为海尔作为一个综合家电品牌，已拥有很高的知名度和美誉度，其品质超群、技术领先、售后服务完善的形象已深入人心。若在市场上没有把海尔作为主品牌进行推广，而是以神童为主品牌，那是十分困难的。一个电器品牌要让消费者广为认可，没有几年的努力和大规模的广告投入是不可能的。

当然，副品牌经过不断推广，在驱动消费者认同和喜欢的力量上与主品牌并驾齐驱的时候，主副品牌就演变成双品牌的关系。当超过主品牌的时候，副品牌就可以升级为主品牌，原先的主品牌就成为担保品牌和隐身品牌。如喜之郎的水晶之恋在刚刚上市的时候，水晶之恋是以副品牌出现的，随着水晶之恋在市场上受到消费者很大的认同，水晶之恋成了消费者认同和企业推广的重心，渐渐成为主品牌了，原来的主品牌喜之郎就成为担保品牌了。

（2）灵活调整主副品牌的关系。

主副品牌之间的关系由品牌是否直接用于产品及刚才所提到的认知、识别主体决定。只有主品牌直接用作产品品牌而且顾客认同的主体就是主品牌的时候，主品牌才成为主品牌，如海尔的帅王子冰箱、三星的名品彩电，海尔与帅王子、三星与名品是主副品牌关系。

当产品品牌的影响力足以独当一面时，主品牌和产品品牌之间的关系就是母子品牌的关系，子品牌本身就是一个主品牌。通用与凯迪拉克和雪佛莱则属于主品牌与产品品牌之间的关系，因为一般消费者对凯迪拉克的认知崇尚主要是通过"凯迪拉克是美国总统座车""极尽豪华""平稳舒适如安坐在家中"等信息建立的。通用这一形象在促进人们对凯迪拉克的崇尚赞誉方面所能起的作用是很有限的。事实上，美国通用汽车公司在宣传凯迪拉克时，一般都尽量降低通用的分量，如在杂志广告中只把通用汽车的 Logo "GM"用小号字编排在角落，凯迪拉克的车身上没有标"GM"字眼，只是在发动机和说明书上才会出现"GM"字样，即采用了隐身品牌架构。宝洁公司的Logo "P&G"出现在飘柔、海飞丝、护舒宝、舒肤佳的产品和广告中比例较小，是典型的主品牌与产品品牌之间的担保架构关系。

（3）直观、形象地表达产品优点和个性形象。

松下的画王彩电主要优点是显像管采用革命性技术，画面逼真自然、色彩鲜艳，副品牌画王传神地表达了产品的这些优势。红心电熨斗在全国的市场占有率超过 50%，红心是电熨斗的代名词，新产品电饭煲以红心为主品牌并采用小厨娘为副品牌，在市场推广中，既有效地发挥了红心作为优秀小家电品牌对电饭煲销售的促进作用，又避免了消费者心智中早已形成的"红心 = 电熨斗"这一理念所带来的营销障碍。因为小厨娘不仅与电饭煲等厨房用品的个性形象十分吻合，而且洋溢着温馨感，具有很强的亲和力，真是美名值千金。

（4）副品牌具有口语化、通俗化的特点。

副品牌采用口语化、通俗化的词汇，不仅能起到生动形象地表达产品特点的作用，而且传播快捷广泛，易于较快地打响副品牌，如画王、小厨娘。

（5）副品牌比主品牌内涵丰富、适用面窄。

副品牌由于要直接表现产品特点，与某一具体产品相对应，大多选择内涵丰富的词汇，因此适用面要比主品牌窄。而主品牌的内涵一般较单一，有的甚至根本没有意义，如海尔。

4.4　背书品牌战略

背书品牌是指出现在产品品牌背后的支持性品牌。提供背书作用的品牌被叫作母品牌，而被背书的品牌叫作子品牌，所以背书品牌也叫作母子品牌。

4.4.1　背书品牌战略分类

背书品牌可分为 3 个次级关系：强势背书、名称关联和象征背书。

1. 强势背书

强势背书指母品牌为子品牌提供强势支持，二者具有较强关联性。但是母品牌不作为传播主角，它只是通过一个醒目的方式直观地呈现出来。

比如大众集团旗下的斯柯达是一个来自捷克的汽车品牌。2006 年，上汽大众将其引入中国，斯柯达成为继大众和奥迪之后，第三个在华投产的大众集团旗下品牌。虽然斯柯达在欧洲历史悠久、颇负盛名，但是在中国的知名度却不高。

所以，斯柯达品牌就使用了大众品牌为其强势背书，斯柯达的官方网站、官方微博、官方公众号等全部叫作上汽大众斯柯达，线下 4S 店的店头上也写着大大的"上海大众汽车斯柯达"。

大众在中国极高的知名度和品牌认知，为斯柯达成功进入中国市场提供了强效支撑和信任担保。

2. 名称关联

名称关联指通过品牌名的相似性和一致性来提供背书作用。名称关联其实是一个家族品牌概念，使用主品牌名称中的部分元素如字母、字眼，来打造系列子品牌。

比如麦当劳公司在全球用 Mc、Mac 注册了上百个品牌，像 McCafe、McDonuts、McFortune Cookie、Big Mac、Chicken McNuggets 等，并且积极保护

"Mc"这个前缀，在中国则表现为"麦"字辈品牌，比如麦乐鸡、麦咖啡等。

再如小米公司和小米的供应链企业旗下，有着众多的"米"字辈品牌和企业：红米、米家、米兔、云米等。这些名字让人感觉就是小米旗下的，这实际上就是通过关联"米"这个名称，由小米品牌对它们提供背书。

所以，名称关联是不同品牌用统一的"辈分"命名，让人拥有这些产品出自一家的感觉，可以给后进的家族化品牌提供背书。百度的小度、新东方的东方甄选均是如此。

再如 MINI Cooper，很多人把这个汽车品牌叫作宝马 MINI，让人感觉它是宝马的一个副品牌，但实际上 MINI 与宝马在品牌运作上相互独立，品牌传播上毫无关系。MINI 的广告中不会出现任何宝马的元素，二者只是终端 4S 店开在一起、车展展台摆在一起，品牌名称被关联在一起通过口碑的形式扩散出去。

但这种名称关联，将宝马品牌的高端、豪华注入 MINI 身上，提高了MINI 汽车在消费者心目中的价值和档次感。这就是宝马提供的背书作用。

3. 象征背书

象征背书是母品牌对子品牌提供担保、背书及支持的作用，但二者属于弱性背书关系，母品牌的存在感很低，只起某种象征作用，在子品牌的传播中通常隐于幕后，而非一同出现。

比如宝洁公司，作为全球最大的化学日用品公司之一，在个护、家清、美妆等领域的知名度和影响力都非常高。宝洁公司旗下的众多产品品牌，尤其是刚刚推出的新品牌，都会强调宝洁这一母品牌的背书，因为"宝洁"这两个字代表着品质、专业、放心，这就是一种象征价值。当新品牌逐渐成熟以后，宝洁的背书作用就会弱化。

除了品牌成长阶段外，母品牌的存在感还跟品牌档次和品牌组合战略有关。比如英国著名冰淇淋企业和路雪，它旗下拥有多个子品牌。像可爱多、百乐宝、千层雪、麦酷狮的产品包装上都会出现非常醒目的红白心形和路雪Logo，但是在中高端冰淇淋品牌梦龙的产品包装上，就只是一个非常小的和路雪心形图案。

宝洁公司也是如此，它旗下的大众化品牌如海飞丝、舒肤佳、佳洁士、汰渍、碧浪、帮宝适等会更多使用宝洁的背书，电视广告结尾常常会出现宝洁企业标志。

但是宝洁公司的高端品牌如 SK-II、OLAY 玉兰油，则较少强调宝洁的存在，以免拉低自己的档次与形象，而且宝洁公司的天猫旗舰店里也不出售 SK-II 的产品。因为宝洁在人们心目中已经成为大众消费品的代表，它大量出现在洗涤、卫生用品的领域，如果再把它使用在高档化妆品上，很可能会影响到这些产品的"身价"。再如品客薯片也是宝洁公司的产品，它也不会使用宝洁的背书商标，因为这样会使消费者在购买薯片的时候联想到洗发水、洗衣粉等大家熟知的宝洁公司产品，而这样很有可能影响到它在公众中的形象。商家采用的是淡化总品牌的策略，让这些高端品牌以更优越的良好形象树立自己的形象，打造自己的领地。通过这样的战略，反而提升了整体的竞争实力，也关照了不同档次的消费人群。

所以，背书品牌这一品牌架构，是由子品牌来驱动的，子品牌在消费者购买决策中起关键作用，母品牌只扮演次要的驱动角色。当产品档次与主品牌差别不大时，往往适宜采用这个品牌组合模式。

4.4.2　要素品牌背书

要素品牌，是将最终产品中的某种价值要素打造成品牌，从而对产品品牌形成背书作用。例如技术品牌和服务品牌。

主品牌通常是提供背书的品牌，它代表一个组织，而不是某个产品。主品牌依靠各个产品子品牌来影响、覆盖多个领域。除了主品牌外，还有很多企业会打造专门的技术品牌，来为公司产品提供背书支持。

典型如汽车行业。随着当前汽车行业发生剧变，汽车产品向电动化、智能化方向演进，一辆汽车有没有科技感、智能感，已经成为消费者购车时最为看重的价值要素。

所以越来越多的车企开始打造技术品牌，将自家的造车技术包装成品牌，向消费者进行传播，并且强化科技感的主品牌形象。

比如 2020 年 6 月，吉利公司汽车宣布开启"科技吉利 4.0"时代，同时推出模块化造车技术品牌"CMA 超级母体"。

2020 年 7 月，长城汽车公司提出"科技长城"的企业战略，同时发布柠檬、坦克、咖啡智能 3 大技术品牌；2020 年 11 月，长安汽车公司提出"科技长安、智慧伙伴"的全新企业口号；2022 年 12 月又成立了长安科技公司。

它们都寄希望于通过主品牌的焕新、技术品牌的发布，为产品品牌和具体车型进行背书，强化产品的科技含量和价值感知。

众所周知，新能源汽车的核心就 3 大件：电池、电机、电控。2020 年 3 月，比亚迪公司率先发布刀片电池这一技术品牌；2023 年 1 月，又推出名为易四方的四轮独立电机技术；2023 年 4 月，又发布了一个新的技术品牌——智能车身控制系统云辇。

由此，比亚迪公司在新能源的 3 大领域形成了完整技术布局，这 3 大技术品牌对于改变消费用户对比亚迪汽车的认知和态度，推动产品销售，起到了积极作用。

除技术品牌外，还有的企业会打造服务品牌来作背书。比如江淮汽车的"江淮一家亲"等。

企业使用背书品牌的好处，是通过成熟、知名的母品牌为子品牌创造信誉、价值感知和品质担保。特别是当子品牌刚刚推出时，有母品牌的背书可以更快获得消费者信任，在市场上迅速站稳脚跟。

母品牌的 3 种背书模式，意味着背书可以是显著的、强势绑定的，也可以是象征的，仅仅是视觉、口头语言上的关联，子品牌只受母品牌很小的影响，这保证了子品牌的独立性，自主、灵活经营，自由发展自己的形象个性和品牌资产。

采用背书品牌策略，对于母品牌的要求很高，它必须是一个成功的品牌，有足够的影响力。

4.5 多品牌战略

多品牌战略是指企业在不同业务领域、不同细分市场分别使用不同品牌的策略，各品牌之间没有关联关系。多品牌战略为每一个品牌各自营造了独立的成长空间。

在多品牌中，每个品牌都完全独立于其他品牌，独立完整地扮演驱动者角色，并且只针对各自特定细分市场和经营范围。一般包括两个次级关系：影子关联和互不关联。

4.5.1　影子关联

影子关联是一种隐性关系，在品牌传播中会有一些弱性露出。比如通用汽车旗下有 3 大主力品牌：别克、雪佛兰、凯迪拉克。这三者就属于影子关联，它们的品牌运作是相互独立的，但是会共同使用通用汽车这一主品牌作为象征性背书，以及分别使用通用汽车统一打造的技术品牌推广自身产品，如电动平台奥特能。

4.5.2　互不关联

互不关联是指各品牌间互为独立品牌，没有任何关系，消费者甚至不知道它们属于一家公司。比如宝马集团旗下也有 3 大产品品牌：宝马、MINI、劳斯莱斯。宝马和 MINI 有弱性关系，但很多人并不知道劳斯莱斯是宝马旗下的。

如果人们认为劳斯莱斯是宝马生产的，那么势必会降低劳斯莱斯在消费者心目中的尊贵感。所以，劳斯莱斯与另外两个品牌互不关联。

4.5.3　多品牌战略的好处

1. 专业、灵活、适应性强

多品牌战略能够充分适应不同市场的差异性和不同消费群的个性化要求。消费者是千差万别、复杂多样的，没有一种产品能十全十美到充分满足所有消费者的需求，这就给专业垂直品牌留下了市场机会。

采用多品牌战略的最大优势是每个品牌专注于一个细分市场，打造各自清晰的品牌核心价值、鲜明的品牌形象，能在市场上抢占一席之地。比如江小白酒业旗下有主打年轻人群的白酒品牌江小白，有主打传统白酒人群的江记高粱酒、江津烧酒，还有主打高端人群的驴溪老酒、驴溪原浆。在低度酒市场，江小白有梅酒品牌梅见、时光梅酒，有米酒品牌米色，还有水果味低度白酒果立方。

在江小白的品牌架构中，有大众品牌，有高端品牌，有专业垂直品牌，有主打品牌，有跟随品牌，极大丰富了企业应对市场的战略与打法。

2. 提高市占率

企业采用不同品牌推出不同产品和品类，能够准确切入不同消费场景，吸引不同目标人群，有效占领各个细分市场，从而提高企业的整体市场份额，做强做大。

比如营销史上的经典案例"可乐大战"，虽然百事公司的策略足够精彩，为人称道，但最终百事可乐并没有撼动可口可乐的霸主地位，可乐的第一认知仍是可口可乐。虽然从产品品牌的角度看，可口可乐没有百事可乐强大，但是从公司经营的视角来看，百事公司却比可口可乐公司强大，除了百事可乐，还有乐事、佳得乐、多力多滋等一大群品牌。

3. 赛马机制

企业构建多品牌战略，可以在内部形成竞争机制，优胜劣汰。表现好的品牌给更多资源去发展壮大，表现不好的品牌投入减少，甚至退市或卖掉。这样帮助品牌更加健康地成长，并优化企业的资源配置，降低单一品牌表现不好影响企业整体业绩的风险。

4.5.4 多品牌运作的弊端

1. 资源分散

品牌经营需要长期而持续的投入。多品牌战略自然需要很多资源，而企业资源有限，旗下每个品牌都需要投入、推广和建设，如果每个品牌只能分到一点资源，可能导致一个品牌都没打造好。

事实上，有很多企业一开始实行多品牌战略，最后无奈又回归一个品牌，这样的案例屡见不鲜。比如在 2009 年，奇瑞汽车发布多品牌战略，接连推出了 4 个品牌：大众化轿车品牌奇瑞、中高端乘用车品牌瑞麒、全能商务车品牌威麟，以及微型车品牌开瑞。

但没过两年，奇瑞发现企业资源不支撑打造那么多品牌，另外，企业软硬件都不匹配打造高端品牌。所以奇瑞逐渐停用了瑞麒和威麟，并于 2014 年正式宣布"回归一个奇瑞品牌"。

另外一个车企吉利汽车，在 2009 年实施多品牌战略：大众化品牌全球鹰、中高端品牌帝豪、经典高端商务车品牌上海英伦。但在 2014 年，吉利公司也宣布了"回归一个吉利品牌"，取消 3 个子品牌，重新聚焦吉利这一个知名度更高的主品牌。

2. 容易形成内耗

企业实施多品牌战略运作，需要对每一品牌进行精准定义，实施严格的市场区分，打造自己独特的价值内涵和品牌形象。如果不同品牌之间缺乏区隔，则很容易陷入内耗，形成自己各品牌的相互竞争关系。

例如阿迪达斯收购锐步，两个品牌因为定位雷同，缺乏本质区别，于是锐步就成了牺牲品，很快开始没落，而阿迪达斯公司最终也只能贱卖锐步，惨淡收场。

3. 管理难度加大

多品牌战略比单一品牌战略在管理上要求更高，每个品牌都要有自己清晰的定义，还要与自己的其他品牌进行良好的区隔，并且，每个品牌都需要单独的团队去运营，还可能需要单独的渠道、门店，这无疑会增加管理的难度与成本。

4. 多元化陷阱

企业组织总是有一种本能，不断扩张业务，延长产品线，推出更多品牌。但是这种做法，一方面会增加企业的管理成本，组织架构日益臃肿，层级日渐复杂，对市场信息的敏感度降低，难以迅速响应，可能带来长期风险。另一方面，企业盲目扩张、投入大，很容易导致资金链问题。多品牌策略应该根据企业的经营目标、经营战略和资源情况进行科学设计，确定品牌组合的合理长度。

4.5.5 新产品的品牌策略

当企业推出一款新产品、开辟一个新业务单元时，首先要回答一个问题：到底是沿用原有品牌，还是采用一个全新的品牌？

使用原有品牌推出新产品，这就叫作品牌延伸。比如苹果最开始是生产电脑的，后来先后推出音乐播放器 iPod、智能手机 iPhone、平板电脑 iPad、智能手表 Apple Watch、无线耳机 AirPods 等，这些产品都是使用苹果这个品牌延伸出来的。

采用单一品牌架构和多品牌架构的企业和案例都很多，上面也分析了不同品牌策略的优劣。其实企业最终采取哪种品牌路线，从根本来说，取决于企业自身的实力，也取决于产品、产品品类、产品档次、技术关联性的问题，特别是产品档次的差异性，同时与所处行业及市场成熟度等也息息相关。

对内，这是一个企业成熟度的问题。要想成功打造多个品牌，企业得有足够的资源和强大的团队。初创企业和成长企业，更适合采用单一品牌策略，先把一个品牌培育好，再考虑第二、第三品牌。全部资源和所有精力都去打造这一个品牌，而且新产品源源不断地加入这同一个品牌，也能壮大品牌声势，帮助品牌迅速成长。

对外，这是一个市场成熟度的问题。对于新生市场，单一品牌可行。因为新生市场往往是由技术和创新引领，产品功能和顾客需求还没有大量分化。但是随着市场成熟，消费者需求开始不断分化，在基本需求以外，产生了大量个性化需求。这时就需要用多品牌去满足不同消费群体，占领更多细分市场。与此同时，市场竞争也变得激烈了，一个品牌不可能通吃整个市场，企业为了抢占更多份额就要开始多品牌运作，从技术和创新引领变成品牌引领。

快消业和汽车业大多采用多品牌策略，因为这些市场足够成熟，已经进入精细化运作阶段。而互联网、工业品则大多采用单一品牌策略，因为市场还在成长之中，品牌也不是关键决策因素。

上述两种条件是单一品牌与多品牌如何选择的大原则，还有两种具体情形，企业不适合采用原有品牌延伸，需要打造新品牌。

一种是纵向的，企业在品牌档次和价格带上，向上或向下延伸一般需要打造新品牌。

一般一个品牌在消费者心中不可能既代表高端，又代表物美价廉大众化。如果原有品牌是高端品牌，现在企业想要推出售价更便宜的产品，切入廉价市场，这时一般需要推出新品牌，因为廉价产品会伤害原有品牌形象和价值感知。

所以小米公司的廉价产品，使用了新品牌红米 Redmi；而据说主打高端豪华的造车新势力蔚来，马上也要推出一个价格档次更低的品牌，叫作阿尔卑斯。

同时，如果原有品牌是大众化品牌，现在企业想要卖更贵的产品，进军高端市场，这时一般也需要打造一个全新的高端品牌，因为原有品牌力不足以支撑高端产品。比如丰田公司为进军豪华车市场推出了雷克萨斯，本田公司推出了讴歌，日产公司推出了英菲尼迪。

另一种是横向的，新产品的属性跨度太大，无法与原有产品形成统一的品牌认知，这时也需要推出新品牌。

比如一个企业原本是做手机的，现在要卖饼干，这时打造一个新品牌就很有必要，因为手机和饼干的产品属性差别太大，关联性弱。消费者对手机的价值和品牌形象的感知，跟对饼干的需求与感知差距太大。

霸王公司强调自己是中药世家，采用祖传的养血荣发方，解决消费者的脱发、掉发困扰。2010 年，霸王公司推出霸王凉茶，当时投放了非常多广告。但霸王凉茶没几年就失败了，2013 年停止运营。为什么？

凉茶和洗发水属于差别很大的品类，虽然在企业看来它们都是由中草药制作，在原料采购、技术研发和生产上能够产生资源共享，但在消费者心目中却不是一回事，洗发水和凉茶不属于同一消费场景，不同的场景意味着不同的消费体验，因而无法用同一品牌进行覆盖。所以霸王凉茶应该取个新的品牌名。

因此，如果新产品与原有产品在品类上差别极大，几乎不存在共性；或者新产品与原有产品不属于同一消费场景，无法创造一致的用户体验，在推新品时必须采用新品牌。

反之，如果品类相同或相近，属于同一消费场景，那么企业推新品时就可以采用老品牌进行延伸。品牌延伸应基于消费场景展开，所有产品线在同一消费场景下，表达一致的用户体验，这样才便于打造统一的品牌。

第 5 章
品牌战略发展

⚙ 5.1 品牌战略升级

当企业打造自己的第一个品牌时，没有别的办法，只有老老实实一点一滴把它做起来。后续要推出第二、第三品牌时，企业可拥有多种选择。既可以独立运作，再次从 0 到 1 打造一个全新的品牌；也可以借用已有品牌和主品牌的名气和实力来打造新品牌。

很多新品牌运作的团队，希望尽量多借用一些老品牌的资源，甚至希望变成老品牌旗下的一个产品系列，因为打造新品牌是一件败多胜少的事，失败的风险非常高，借势老品牌能够提高成功率。

很多成功的品牌，多数不是从一开始就作为独立新品牌做好了顶层设计并照着规划经营起来的，而是从老品牌中进行孵化，自然演变发展而来的。

在这种思路下，品牌升级有 3 种行之有效的方法。

1. 独立品牌，独立运作

新品牌一开始就作为一个完全独立的品牌来运作，与原有品牌不产生关联，甚至刻意避免与原品牌或主品牌产生关系。很多企业在推出高端品牌时，就经常采用这一做法。

还有一种是原有品牌是产品品牌，也是主品牌，后来公司又创建了新的产品品牌。而新品牌并不想以原有品牌为背书，而是会更加独立，强化新品牌个性，弱化原有品牌信息。

比如加多宝公司推出的高端矿泉水品牌昆仑山，二者只是共用研发、生产、渠道，甚至渠道都不完全共用，昆仑山作为高端品牌需要自建渠道。在品牌打造上,昆仑山和加多宝就没有什么关系,消费者甚至不知道这两个品牌是一家公司的。

2. 独立品牌,母品牌背书

新品牌初创时作为一个独立的品牌,但是它在传播推广中会借用现有品牌的资源进行背书,加速其成长。

比如手机品牌荣耀,它在刚推出时就是独立品牌,但是在各种宣传报道中,总是自称"华为荣耀",在营销推广活动中和物料上也总会出现华为品牌的元素。

这时荣耀采用的品牌发展策略就是强势背书,用高知名度的华为来背景荣耀品牌成长。

后来,随着荣耀品牌的壮大,华为就逐渐隐去,彼此之间不再强调关系的存在。这时荣耀采用的策略就是影子关联的多品牌。

3. 主品牌孵化,长大后分拆

这种模式下,一开始并没有一个独立的品牌,而可能只有一款产品或产品系列,作为原有品牌旗下的一个新业务,因为销量好、市场前景好,于是就分拆出去变成一个独立品牌。

2022 年 8 月,上海麦当劳总部大楼楼顶出现一张 25 米长的巨幅分手海报,麦咖啡宣布跟麦当劳"分手",并且表示"我是 McCafe 麦咖啡,别再叫我麦当劳的咖啡"。

这一波"分手"营销很快引起了网民热议,登上了微博热搜榜,为麦咖啡的品牌独立和新品"奶铁"的推出做了精彩亮相。这波营销代表的就是麦咖啡品牌战略的升级。过去,咖啡只是麦当劳门店中的一个产品、一项业务,不管是汉堡、薯条、咖啡都属于麦当劳品牌。而现在随着咖啡市场的良好发展态势和广阔前景,麦咖啡变成了一个独立经营的品牌。

这是一种用主品牌孵化新品牌的典型做法,品牌逐步独立。

重新审视品牌关系谱会发现,它不仅体现了品牌在企业组织中的独立程度,以及与其他品牌的关系紧密程度,也反映了一个品牌不断发展演变的过程。打造品牌绝非一日之功,而是一个旷日持久的过程。因此,品牌战略和品牌架构是可以不断优化改变的。

一个品牌从主品牌孵化到品牌独立的完整过程，可以经历"单一品牌旗下产品系列——主副品牌主品牌驱动，联合驱动——品牌独立，母品牌背书——完全独立"这样一个完整成长的过程。这个关系演变在整体上的连续性，就构成了品牌关系谱。

一个企业从内部孵化新品牌，一般要经历如下过程。

业务独立：品牌开始有独立名称、商标 Logo、独立网站等。

团队独立：成立一个独立团队去运营该品牌，一个品牌一个团队，在品牌决策上有更大的自主性。

财务独立：该品牌团队的财务单独核算，设置单独的绩效指标，自负盈亏，与此同时销售渠道和门店也开始独立。

公司独立：新品牌变成一个独立公司进行经营，可以单独上市，甚至出售该品牌业务。

案例分享

对于广东消费者来说，五羊雪糕可以说是家喻户晓，是一个从小吃到大的老字号品牌。这个品牌，一开始是由雀巢公司负责经营的。

1999 年，五羊与雀巢达成了长达 20 余年的合作，直到 2021 年合同到期，双方结束合作。作为五羊品牌的拥有方，广州轻工工贸集团转而与越秀集团进行合作，将五羊授权给越秀集团旗下的风行食品公司进行经营。

由于五羊雪糕是雀巢经营华南冷饮市场的重要组合，所以雀巢食品公司在双方结束合作以前就开始未雨绸缪：如果失去了五羊雪糕，该如何维系市场份额？

2021 年 3 月，雀巢冰淇淋宣布推出一个新的子品牌粤新意，同时更新了五羊雪糕的产品设计，在新的甜筒包装上，同时出现了五羊的 Logo 和粤新意的 Logo，而且粤新意的 Logo 更大、更醒目。

这就是一个联合驱动的主副品牌模式，借助五羊老品牌的知名度来推广粤新意这个新品牌。

随后在 5 月 17 日，五羊系列商标被正式转让给风行食品公司，并且过渡到 9 月 30 日结束。在结束前夕，雀巢公司开始把产品包装上的五羊Logo 换成雀巢 Logo，并在 9 月 19 日，将公众号"五羊牌雪糕"更名为"雀巢粤新意冰淇淋"。

由于产品包装上最醒目的品牌识别元素是粤新意的 Logo，所以很多消费者都没有注意到这一次的变更，继续购买原本的冰淇淋产品，都没有意识到自己买的已经不是五羊粤新意，而是雀巢粤新意了。所以对雀巢公司来说，这一次变更相对平顺成功，没有对市场造成巨大冲击。

但是到了 2022 年夏天，广东市场就出现了"雪糕大战"，风行五羊开始针对消费者诉求"认准国货五羊牌"，而雀巢粤新意则强调"牌子换了，味道没变"，还是原厂、原味、原师傅。

其实，雀巢公司在拥有五羊时推出粤新意也并不突兀。因为在 2016年 5 月，五羊雪糕就开始针对广东消费者，推出粤式甜品系列产品，包括杨枝甘露味和椰香红豆味雪糕。2018 年，五羊雪糕又推出了新意筒系列产品，进一步诉求"广东滋味，唥唥有新意"。

2020 年，五羊雪糕又将整个品牌诉求调整为"粤滋味，悦流传"，推出了品牌主题曲《咩系粤潮味》，并在广州潮流历史景点太古仓举办了"粤新粤潮粤有味"新品发布会，一口气推出了椰子紫薯味新意筒、港式奶茶雪糕、冻鸳鸯奶茶味飞鱼脆皮等广东特色产品，并将经典的粤式甜品水果捞、红豆沙、绿豆沙打造成 3 款"可以拿在手上吃的糖水雪糕"。

因此，雀巢公司先从五羊雪糕粤式甜品系列的单一品牌，变成主副品牌，使粤新意这个副品牌有了一定的认知基础，成功树立粤新意为主品牌，降低了市场风险。

5.2　品牌区隔

多品牌是很多企业追求增长的客观需求，而且针对不同的细分市场和人群，企业的确应该推出不同的品牌去应对。但当企业拥有多品牌时，容易出现自己品牌之间相互竞争的局面，所以，在品牌管理上需要处理好不同品牌之间的区隔与协同。

只有建立清晰的区隔，才能避免内耗，防止自己抢自己的生意。只有协同发展，才能形成合力，发挥"1+1＞2"的效果，助力企业发展壮大。

品牌之间的区隔有以下几种。

5.2.1 功能或品类区隔

不同品牌在产品的功能和品类上需要明确区分，划分各自的势力范围。比如宝洁公司旗下有几大洗发水品牌，海飞丝主打去屑，飘柔主打柔顺，潘婷主打发质修复，沙宣主打造型美发。

每个品牌聚焦一个核心功能，每个品牌都有自己清晰的价值主张，各自吸引各自的目标人群，互不冲突，消费者认知不会发生混淆。宝洁公司在中国洗发水市场一度占据着超过60%的市场份额，市场影响力非凡。

5.2.2 目标人群区隔

目标人群区隔指不同的品牌针对不同的目标人群，锁定某一个细分市场人群。比如美国米勒酿酒公司，它最初在美国啤酒市场上销量排名第八，1969年菲利普·莫里斯公司将其收购，随后派了很多负责万宝路品牌的营销高手进入米勒公司，对其市场战略和品牌架构进行了大刀阔斧的调整。首先在市场调研的基础上，他们按消费频次对啤酒市场进行细分，将啤酒消费者分成轻度人群和重度人群两大类。随后，米勒公司开发了海雷夫、莱特和老温伯三大品牌分别针对不同人群去推广，很快米勒公司的啤酒销量就从第八跃升到了第二。

海雷夫针对的是重度消费群体。这群人多为蓝领阶层，30岁左右，爱好体育运动，每天看电视3.5小时以上。于是，公司在电视台体育节目中特约了一个"米勒天地"的栏目进行宣传海雷夫，广告口号是"你有多少时间，我们就有多少啤酒"，广告画面则是蓝领工人工作的场景，如钻井工人止住石油井喷、消防人员在灭火、船员们在驾驶轮船等。

莱特针对爱喝啤酒，但是关心啤酒使人发胖问题的轻度人群。米勒公司调研发现，对健康、节食敏感的消费群在扩大，于是花了一年多时间开发了莱特这一低热啤酒配方。在品牌传播中，莱特强调热量低，喝完之后不会感到腹胀，并且口感依然上佳。其广告口号叫作"您所有对啤酒的梦想都在莱特中"。

老温伯主打面向高端消费者。它是米勒公司在收购一个德国高档啤酒的特许经营权后开发的产品。老温伯的广告中，是一群西装笔挺、气度不凡的人举杯共饮："今晚，来喝老温伯。"

这次品牌组合战略的规划帮助米勒公司在整个 20 世纪 70 年代取得巨大成功，到 1980 年，米勒公司成长为市场第二，市场份额已经达到 21.1%，被消费者赞为"世纪口味"。

5.2.3 价格档次区隔

价格档次区隔指对不同的品牌设置不同的价格区间，打造不同档次的品牌形象。一般来说，企业会选择一个两段式的布局：大众化品牌和高端品牌。也有一些企业会选择三段式布局：高档品牌、中档品牌和低档品牌。

但一个品牌在运营过程中，为了求得发展与增长，总是会不断向上、向下拓宽价格带，以覆盖更大市场和更多人群，这几乎可以说是一种商业的本能。

比如 OPPO 公司旗下原本有两个手机品牌：OPPO 和 realme。OPPO 主打主流市场和高端市场，realme 则走性价比路线，吸引年轻用户，并且主要在线上销售。

但是在 2021 年 6 月 OPPO 收购了一加手机，这时 OPPO 公司在手机板块的品牌架构就变成了一个高、中、低的三段式布局，一加品牌立刻面临了 OPPO 和 realme 的上下夹击，价格带被全面覆盖。

尤其是一加还要和 OPPO 共用哈苏的影像战略合作资源，与 OPPO 品牌存在较多重合。这时，OPPO 公司就要重新去调整 3 个品牌的战略布局。

从调整的结果来看，OPPO 品牌现在是往高端发展，资源和精力向 Find N 和 Find X 两个产品系列倾斜，主打影像和折叠。而原本属于 OPPO，拥有百万级用户的 Ace 系列产品则交给一加去经营。

一加品牌聚焦性能赛道，向游戏定制、独立优化的方向提升产品力，为用户打造高性能、高续航、散热好、极致流畅的手机，一加精简成两个产品系列："优雅强悍的性能旗舰"数字系列、"有颜有料的性能王牌"Ace系列。

realme的旗舰产品则从原本的GT系列，变成了GT Neo系列，整体价格带稍微向下迁移，更好地聚焦年轻用户和廉价市场，并尽量避免与一加的Ace系列、OPPO的Reno系列形成重复竞争。

5.2.4　营销传播区隔

在营销和广告策略上应充分体现各品牌之间的差异，形成品牌区隔。如欧米茄表精心挑选名人作为形象大使，而雷达表的广告，从不用什么明星，广告诉求主要集中在高科技制表工艺和材料上。两者在设计和价位上也有较大区别，雷达以方表为主，欧米茄以圆表为主；欧米茄表的价格总体上高于雷达表。

除了以上几种区隔方式以外，还有的企业试图用品牌调性、风格进行区隔，但风格较为含糊，很难形成清晰的界限。

比如一个企业旗下有两个运动品牌，一个定义为专业运动品牌，另一个走时尚运动路线，这就不是一个好的区隔。因为专业运动品牌要吸引消费者，产品风格也要时尚、有设计感。而时尚运动品牌身处运动行业，总要有一些专业性产品，这就很容易模糊两个品牌的边界。

5.3　品牌协同

不同品牌之间除了要形成区隔，更要实现协同。企业需要对所有品牌实施统筹管理，找到品牌经营的战略重心，分清主次，有所侧重，科学组合和运营，发挥协同效应。

5.3.1　品牌体系协同

当企业拥有多个不同的品牌时，各品牌如何科学、合理地分配企业资源和营销费用呢？

这时候，企业就需要统筹所有品牌的经营，分清哪些品牌是战略性品牌，需要战略性的投入，合理进行品牌组合，形成协同效应。

　　比如可口可乐公司，虽然可口可乐这一品牌异常强大，但在整个饮料市场，碳酸饮料已出现颓势，消费者健康意识不断增强，无糖气泡水、茶饮料、果汁、能量饮料、咖啡饮料等新兴市场正在茁壮成长。所以可口可乐也需要不断打造新的饮料品牌。

　　可口可乐公司提出的新品牌管理策略，叫作"龙与兔子"。

　　"龙"是承担主销量、主市场的核心品牌，比如可口可乐和雪碧；"兔子"则是填补市场细分空间和跟随消费趋势的创新品牌，比如中国市场的怡泉、淳茶舍、粗粮王、纯悦果水等。

　　这个比喻非常形象，帮助可口可乐区分了两类品牌的市场战略目标，用"龙"的存在支撑企业发展，并从中发展出来孵化"兔子"品牌的各种能力和一整套体系，包括创新能力、供应链能力、品牌管理能力等，从而保持这些"兔子"都能尽可能地存活下来，并快速成长。

　　再如小米公司的品牌管理体系属于数字中枢，小米公司旗下主品牌有 3 个：小米、红米和米家。

　　小米品牌的产品线包括手机、笔记本电脑、平板电脑、智能手表、无线耳机、智能音箱、电视、路由器等。红米的产品线与小米相似，基本上是作为小米的低配版存在，是小米公司的廉价品牌。

　　而米家品牌的产品线则更加丰富，从冰箱、空调、洗衣机、智能电饭煲、空气炸锅、空气净化器、扫地机器人等智能生活电器，到保温杯、太阳镜、花洒、插线板、智能鱼缸等家居用品无所不包。

　　从这个产品线划分可以看出，小米品牌的产品在智能生活中都可以起到人工智能中枢的作用，而米家品牌的定义则是物联网，其产品只是智能生活、智能家居中的一个接口和应用端。

　　这个品牌管理系统，也符合整个小米集团的"AIoT"（人工智能物联网）发展战略，小米承担的是"AI"（人工智能），米家承担的是"IoT"（物联网平台）。这就是为什么同为家电，电视产品叫小米电视，而冰箱、洗衣机则属于米家品牌。因为电视显然是数字中枢，未来可以成为家庭数字化娱乐中心，而冰箱、洗衣机则是物联网。

在明确了"小米 + 米家"的品牌体系后，小米对于品牌的使用、产品线的归属也做了非常多的调整。

比如空气净化器产品，刚推出时使用的是小米品牌，现在则变成了米家品牌。

目前还在调整中的是空调，空调产品刚推出时是小米空调，目前则是小米空调和米家空调并存，这可能只是过渡，未来可能只有米家空调。很显然，空调也只是物联网，不是数字中枢。

从可口可乐的"龙与兔子"和小米的数字中枢，可以看到品牌管理是个星系战略，在一个完整、稳定的星系中，应当有恒星，有行星，有卫星。

恒星是一个企业最核心的主品牌，在消费者心目中代表企业的实力、品质和信誉，代表企业各品牌背后强大的管理能力、核心技术与资源；是企业的主轴，是行星绕行运转的中心，为行星提供光和热。

行星，代表企业旗下众多的产品品牌。每一颗行星都要有自己的运行轨道，互不冲突，如果轨道重叠，则有相撞的风险。每一颗行星有各自的星球风貌和生命生态，不同的产品品牌针对不同的目标人群和细分市场而设，打造自己独立的价值内涵和形象个性。

卫星，则是行星衍生出来的副品牌或子品牌，围绕某个行星而运行，目标是用于填补市场空白，并弥补主品牌覆盖面的不足，或用于攻击及防御竞争对手，丰富主品牌的生态体系。

恒星代表一个企业的基本盘和增长的主要来源，需要进行战略性投入；行星代表一个企业的创新力和新增长潜力，经综合评估后选择性进行战略投入；卫星则属于战术行为，少投入，走机会主义路线。

5.3.2 资源协同

从企业内部来看，协同首先是资源上的协同。不同品牌在生产上能不能共用原料、生产线、研发人员；销售上能否共用渠道和销售团队，从而产生协同效应。

例如世界排名第 9 的快消巨头通用磨坊，旗下有两大品牌：湾仔码头和哈根达斯。这是为了共用冷链资源，夏天卖雪糕，冬天卖速冻水饺。这种协同效应还包括向产业链上下游进行延伸。例如，比亚迪既生产电池，又生产电动汽车；三星既做手机，又自研芯片和屏幕。

因此，企业可以多品牌，但不可盲目多元化。多元化业务的产业不宜分散，否则会失去资源上的协同。

5.3.3　场景协同

从企业外部来看，协同最终是场景上的协同。

不同品牌会尽可能处于消费者的同一生活场景下，从而给消费者创造一致性的品牌体验，建立品牌生态。

比如宝洁公司的战略就是聚焦于顾客浴室一平方米场景。顾客的浴室里会出现哪些产品，宝洁公司就生产销售哪些产品。从 2005 年开始，宝洁公司就在不断剥离旗下的食品品牌、宠物护理品牌，前后砍掉或出售了近百个品牌。2012 年，宝洁公司还将旗下拥有 40 年历史的知名薯片品牌品客出售给家乐氏公司，彻底剥离了食品业务。

宝洁公司完全聚焦在个护、清洁和化妆品业务上，锁定浴室这一核心场景，所有品牌都在这一场景下展开。类似的战略还有箭牌糖果的收银台一平方米场景，箭牌糖果只生产能摆在超市收银台上的产品。

聚焦和多元有时候是一对矛盾。企业为扩大规模和增长要求多元化，但没有战略上的聚焦，就会丧失企业的核心竞争力，变成一个外强中干的纸老虎。因此战略要求聚焦于场景，在场景下实现资源的协同。

很多企业多元化失败，在于既无资源协同，也无场景协同。现实生活中有很多既不在同一消费场景下，研发生产环节也无法产生协同效应的典型案例。

第 6 章
品牌竞争战略

品牌竞争是同种产品不同品牌之间在质量、特色、服务、外观等方面的竞争。

与经济发展相伴随的市场竞争呈现在 4 个方面：产品竞争、技术竞争、资本竞争和品牌竞争。其中品牌竞争在 20 世纪后期最具代表意义，它在一定程度上折射和包容了其他的竞争形态。在现代营销中，品牌竞争成为一种具有典型意义的营销模式。

6.1 品牌竞争分析

在当今激烈的市场竞争中，品牌竞争分析是企业制定有效营销策略的关键步骤之一。通过收集竞争对手信息、分析竞争对手优势和劣势、研究竞争对手市场营销策略、比较产品特点和定价策略，企业可以更好地了解市场动态，优化自己的品牌策略，提高竞争力。

品牌竞争分析主要包含以下几方面。

1. 收集竞争对手信息

品牌竞争分析的第一步是收集竞争对手的信息。通过市场调研、网络搜索、社交媒体监测等方法获取竞争对手的最新动态、产品特点、定价策略、营销活动、品牌策略等信息。

2. 分析竞争对手优劣势

在收集竞争对手信息的基础上，进行深入的 SWOT（Strengths 优势、Weaknesses 劣势、Opportunities 机会、Threats 威胁）分析。明确竞争对手的优势，即他们吸引目标受众的核心竞争力是什么；找出竞争对手的劣势，即他们存在哪些不足和需要改进的地方。通过 SWOT 分析，找到品牌定位和产品优化的切入点。

3. 研究竞争对手品牌战略和市场营销策略

了解竞争对手品牌战略体系和市场营销策略对于制定自己的品牌策略至关重要。研究竞争对手的广告宣传、促销活动、线上线下推广等市场营销策略，发现他们的成功之处和失败原因；借鉴成功案例，避免失败陷阱。

4. 比较产品特点和定价策略

分析竞争对手的产品特点和定价策略，找出他们的差异化优势。了解竞争对手的产品优势和价值定位，对比自己的产品特点和定价策略，找出自己的优势和不足之处。通过对比分析，优化产品定位和设计，提高产品竞争力。

案例分享

苹果与三星的竞争是一个很好的例子。苹果和三星一直是手机市场的两大巨头。苹果凭借高端设计、良好的用户体验和强大的品牌影响力在高端市场中占据领先地位，而三星则在中低端市场有着更大的份额。苹果不断创新，注重用户体验，而三星则注重多样化产品线，满足不同消费者需求。这两家公司的竞争给手机市场带来了更多的选择和创新。

再如可口可乐与百事可乐的竞争。可口可乐与百事可乐是饮料行业的两大竞争对手。可口可乐一直强调品牌价值和情感联结，强调"开心感觉"；而百事可乐则强调创新和年轻活力，强调"挑战"。这两个品牌之间的竞争激发了更多的市场营销活动和产品创新，也带动了整个饮料行业的发展。

6.1.1 品牌竞争特点

品牌竞争的特点主要是相对于其他几种竞争形态而言的，因此只有和其他的竞争形态有所比较，才有利于更深刻地认识品牌竞争。品牌竞争的特点主要体现在以下几个方面。

1. 综合性

综合性可以从品牌竞争内容和品牌竞争表现两个方面得到体现。从内容上看，品牌竞争涵盖了企业的产品开发、设计、生产、销售、服务以及管理、技术、规模、价值观念、形象特征、文化等多种因素。所谓品牌竞争实际上就是这些要素的竞争，只有当这些要素对品牌形成支持时，品牌形象才会丰满，品牌的竞争优势才能得到体现。

比如，消费者非常认可宝洁旗下的多个品牌，这不仅因为它的产品品质很优秀，还因为它为顾客提供了有效关注和服务，以及顾客认同它长期宣传的价值追求。

2. 文化性

文化性是品牌本身所附着的文化信息，是对某种社会情感诉求的反馈和表达。一般而言，品牌的文化内涵直接表达了一种生活方式和生活态度，因此选择一种品牌，也就是选择一种情感体验和生活态度。品牌使得产品这一物质形式有了一定的精神内涵，从本质上讲，品牌集中反映企业对产品的态度、对顾客的态度、对自身的态度以及对社会的态度。比如，意大利著名的休闲品牌迪赛定位服务那些具有叛逆精神的青年一代，通过某种社会理念的表达努力实现品牌价值追求。

现代消费往往不单纯停留在产品本身的物质功能层面，人们对品牌的选择就是对某种生活方式和生活态度的选择。所以，品牌的文化意义还表现为，品牌的社会信息可以帮助顾客实现一种情感体验、价值认同和社会识别。例如，劳斯莱斯汽车象征一种尊贵的身份。

3. 形象化

品牌的形象化特征最为显著，这是由品牌本身所具有的符号所决定的。形象化不仅使品牌得到简单明确的区分，而且还生动地折射出品牌的不同内涵。

品牌形象化具有双重意义，一重意义是就其外在符号效果而言的，品牌总是以文字、图案、符号、产品外形和功能为载体，将其内涵与功能直接表现出来。例如，可口可乐的文字和红色图案，以及特别的瓶形设计，给人们留下鲜活的印象。另一重意义是品牌形象化可以对品牌概念和品牌品质加以浓缩，例如可口可乐通过长期的品牌积累，形成了属于自己的文化意味，这种符号形态还附着了美国文化的隐喻，在接触这个品牌时可以感受到其强烈的感染力和传播效果。

4. 稳定性

稳定性指品牌可以超越产品而存在的特性，品牌比产品的内容更加丰富。

稳定性可以从产品和企业两方面界定。就产品而言，通常情况下由于生命周期的原因，产品本身因为市场变化而不断更新升级，但是品牌却相对稳定。比如，宝洁公司的洗发品牌海飞丝，最初定位去头屑，但是随着市场变化，海飞丝的产品功能不断改变和丰富。因此产品的不断创新只是对品牌内容的丰富和充实，产品变化了但是品牌价值却不会随之消失。

就企业而言，品牌是企业经营活动各个方面的高度概括和浓缩，其表现相对抽象，具有一般性和普遍性，因此也就具有相对的稳定性。当然，任何稳定性都是相对的，没有一成不变的永恒品牌，品牌也必须随着社会和市场而发展升级。

5. 时尚性

人们通过品牌追求一种生活方式，而生活方式在很大程度上就是一种时尚的表达。时尚性具有很多社会特征，有时候是一种品位的表达，有时候是对一种流行的追捧。

品牌时尚通常来自品牌在社交中所传达的暗示，比如用一个奢侈品牌的路易威登（LV）的手包或戴劳力士的手表，都可能被看作是来自社会上层；有时候时尚也来自人们对名牌的追捧，这是因为名牌本身就是一种具有流行色彩的社会定位，非常注重把握和引导某种社会情绪，人们通过对名牌的追捧，可以表达某种情感并宣泄内心的某种情绪。

6.1.2　品牌竞争策略

品牌竞争策略可分为需求差异化、品质为王、运营竞合 3 种。

1. 需求差异化策略

品牌差异化策略就是将产品的核心优势或个性差异转化为品牌，以满足目标消费者的个性需求。成功的品牌都有一个差异化特征，区别于竞争对手，然后以一种始终如一的形式将品牌的差异与消费者的心理需要连接起来，通过这种方式将品牌定位信息准确传达给消费者，在潜在消费者心中占领一个有利的位置。目的在于为自己的产品创造一定的特色，培育鲜明的个性，树立独特的市场形象，以区别于竞争对手。

在市场经济条件下，同类产品越来越多，竞争越来越激烈，要想从中突围，企业必须根据实际需要选择适合自己的、差异化的品牌定位策略，有效地确定产品在消费者心目中的位置，也为自己的企业和产品找到恰当的市场位置。

2. 品质为王策略

一个品牌的知名度高，能够获得消费者的赞誉，必定是来源于企业和产品的优良品质和完美的服务，这是品牌的基础，如果没有优良的品质作为保证，再好的品牌也会被消费者所唾弃。优秀的品牌必然能够满足消费者的心理需求。在市场上表现为顾客对品牌持续购买的情感，向他人不断推荐的热心，所以说提高产品及企业服务的品质是提升品牌的前提，它直接关系到能否成为真正的品牌。随着消费者经济实力的增长，其个性化消费需求变得越来越迫切，那些注重品牌文化塑造、满足消费者心理的产品必能获得消费者的青睐。吸引不了消费者注意力的产品注定将在竞争中败下阵来。

3. 运营竞合策略

在如今越来越强调合作共赢、优势互补的和谐竞争呼声下，企业之间的竞争往往不是零和竞争。没有对手的企业是孤独的，也是不可能按照企业预定目标实现企业利润最大化。没有竞争对手，也就意味着企业没有可以发现自己弱点的镜子，也就失去了继续创新与变革的动力。有追赶、有提升的竞争远比打压、排挤、贬低的恶性竞争要良性，更有利于企业的发展。

在竞争日益激烈的市场环境下，品牌是不可或缺的。但是要真正认识到品牌的价值，认识到品牌的竞争本质，不要落入低水平的品牌竞争关系中，重新陷入以往产品竞争所面临的诸多问题。企业家们要从自身出发，打造好自己的品牌，而不是将品牌简单理解为一个产品、一个广告、一个市场、一个商标，它是一个立体的系统，只有打造出真正具有时代特征的，又充满个性的差异化品牌，才能打赢品牌竞争。

6.2 不同类型品牌的竞争策略

根据产品的市场占有率，可以将品牌划分为领导型品牌、挑战型品牌、追随型品牌和补缺型品牌。这4种品牌的市场份额分布大约为领导型品牌40%、挑战型品牌30%、追随型品牌20%、补缺型品牌10%。这4种类型的品牌有不同的特点，在市场竞争中需要采用不同的策略。

6.2.1 领导型品牌的竞争策略

大多数行业都有一两个最强势品牌，这就是领导型品牌。世界上著名的领导型品牌有可口可乐、柯达、微软、施乐、宝洁、吉列、麦当劳等。领导型品牌要想保持其领导地位，必须在以下几个方面付出努力。

1. 维护高质量形象

美国质量管理学会曾为质量下过这样一个定义：质量是产品或服务的特色和品质的总和，这些品质、特色将影响产品满足各种明显的或隐含的需要的能力。领导型品牌是靠优异的质量、优质的服务来摘取首席品牌这一桂冠的。许多领导型品牌的经营者都充分认识到，产品和服务的高质量是竞争中的王牌，它比任何促销手段都更能使消费者信服，也是赢得消费者品牌忠诚的前提条件。

劳斯莱斯轿车之所以是名贵的标志，成为名流青睐、皇家御用的产品，就是因为它实行严格到近于苛刻的质量管理手段，树立了高质量的品牌形象。劳斯莱斯的发动机由手工制作，须经过500多个小时的检测试验，对部件的误差控制非常严格。劳斯莱斯的一丝不苟，创造了一种顾客忠诚、绝对满意的价值，这是劳斯莱斯品牌的核心价值，也是劳斯莱斯品牌成功的关键。

为了保持高质量的品牌形象，确保领导型品牌的市场地位，必须树立高标准的质量观念，实施全面的质量管理。

2. 保持较高的市场占有率

保持较高的市场占有率取决于两个因素：消费者和产品。

对于消费者，企业既需要维持原有的顾客，又需要吸引新的顾客。营销学观点认为，上策是提高消费者质量，即忠诚度，培育终身顾客。因为维持老顾客的成本比吸引新顾客要低得多。例如法国米其林轮胎公司希望法国的汽车拥有者行驶更多的路程，这样会更多地更换轮胎。于是他们就想出一个妙招，以三星标准来评价旅馆饭店，最好的饭店很多在法国南部，这促使许多巴黎人周末驱车到法国南部去度假。另外，米其林轮胎公司还出版了一些带有地图和沿线风景介绍的导游书，以便推动旅行，提高其产品的使用量。

对产品来说，提高其市场占有率，就须发挥规模优势，降低价格，但更重要的是创新。创新的思路有很多，比如快速化、简便化、多样化、健康化、环保化、情趣化、贵族化、休闲化、安全化等。

3. 采取适当的防御策略

领导型品牌要想守住阵地，保持优势，就要采取适当的防御策略，以便把受到攻击的威胁降到最低程度，具体的防御策略有阵地防御、侧翼防御、以攻为守、反攻防御、收缩防御等。

6.2.2 挑战型品牌的竞争策略

紧跟领导型品牌的是挑战型品牌，如百事可乐、联合利华、肯德基、富士、福特等。

要想在竞争中胜出，提高市场份额，就必须分析竞争对手并明确战略目标。对于挑战型品牌来说，可以明确 3 种攻击对象：领导型品牌、同类品牌和小规模品牌。

攻击领导型品牌具有高风险，但也有可能高回报。如果领导型品牌在经营管理方面有漏洞，有机可乘，攻击才可能得手；否则不要轻易攻击它。

攻击同类品牌的道理也基本相同，被攻击的对象应该是那些与自己规模相似但经营不善、管理混乱、资金不足、营销落后或缺乏创新能力的品牌。海尔集团首席执行官张瑞敏提出的"激活休克鱼法"，就是攻击同类品牌的一种。他将那些硬件较好而软件不行的企业比喻为"休克鱼"，就像一个人身强力壮，但没有脑子，思想观念有问题，不是一个健全的人。这一招式使海尔成功兼并了几十家家电企业。

小规模品牌是指追随型品牌和拾遗补缺型品牌。攻击小规模品牌，特别是那些区域性的、小型的、资金不足或经营不善的品牌，可通过吞并其企业，蚕食其市场的方法，从而达到积细流成江海、积跬步至千里的目的。

6.2.3　追随型品牌的竞争策略

追随型品牌是追随市场领导者的品牌，可分为仿制者、紧跟者、模仿者和改变者。它们不用承担市场启蒙教育的费用，但盈利往往也比市场领导型品牌少得多。

追随型品牌是挑战型品牌攻击的主要目标之一。因此，追随型品牌必须通过提升产品品质、加强管理降低成本、加强品牌建设提升知名度等方法加强自身优势的建设与传播，以防在市场竞争中被淹没、吞并。

6.2.4　补缺型品牌的竞争策略

补缺型品牌就是专营强势品牌不屑于做的、忽略的或盲点业务，其主要任务是创造补缺、扩展补缺和保卫补缺。它一般较专业，市场空间小，竞争对手少，但利润空间较大。在市场竞争中，补缺型品牌的主要策略是选择被强势品牌忽略的、窄小的细分市场，实行经营专业化，专业化是补缺的关键。

6.3　主品牌竞争战略

为了打破竞争格局，主品牌的竞争战略一般遵循四大原则：

第一原则，尽量让主品牌成为核心认知驱动力；

第二原则，立足产品竞争矩阵制定品牌战略；

第三原则，动态打造势能背书品牌；

第四原则，独立子品牌战略。

主品牌竞争战略能够避免企业每一次都从 0 到 1 开展新业务，而是最大程度地挖掘企业竞争潜力，让主品牌与每一个时代的核心业务息息相关、命运与共，推动主品牌在跨周期和变革周期中发挥核心竞争价值，让集团企业的主品牌长期拥有竞争优势。

6.3.1　主品牌成为核心认知驱动力

如何让主品牌成为核心认知驱动力呢？

强力打造主品牌，使其成为产品品牌有力的支撑。例如，美国 3M 公司主品牌是顾客核心认知驱动力，跨越行业，覆盖无数个品类，无处不在。

3M 公司主品牌下的多个跨品类产品，是顾客认知的核心驱动力，也正是因为 3M 公司主品牌强，所以 3M 公司才可以跨越多个品类。

在 100 多年的发展历程中，3M 公司总共发明了 7 万多种产品，并且申请并拥有了 11.8 万多项专利，涵盖的范围从家用到医用、建筑、电子、教育、运输、办公等各个行业。

3M 公司主品牌是顾客认知核心驱动力，避免了产品品牌从 0 到 1，快速建立顾客信任打消了购买顾虑。

6.3.2　品牌势能矩阵模型

品牌势能矩阵模型是业务与产品组合竞争工具。这一模型将增长战略、竞争战略、品牌势能 3 方面完整地综合在一起考虑。品牌势能矩阵模型能够解决企业增长动力问题，为企业长期增长保驾护航，帮助企业打造后续多个品牌。

该矩阵的纵轴表示增量市场，分为内线竞争和外线竞争。内线竞争是品牌起家的品类或能在顾客心智中代表品牌的品类，内线是品牌招牌业务；外线竞争是品牌为提升势能、应对竞争而进入的一个新品类，同时让品牌创造增量市场。随着竞争格局稳定，外线产品也会转化成内线产品。

矩阵的横轴表示品牌势能。品牌势能是指消费者感知到的品牌能量，是品牌在市场中的生命力和影响力。品牌势能越高，品牌在消费者心目中的优越感和竞争力就越强，对消费者的购买偏好影响就越大。

品牌势能不是单独具有的，是品牌间相互作用（相互联结、相互竞争、相互促进、相互制约）而具有的，是在顾客心智中相互比较产生的认知高低差。

由此，品牌矩阵模型分为 6 个区域，分别为份额产品、招牌产品、形象产品、种子产品、火苗产品和第二招牌产品，如图 6-1 所示。通过这一模型，企业能够更清晰地规划自己的产品矩阵，明确增长方向，从而实现品牌的长期发展和市场占有率的提升。

增量市场

种子产品	火苗产品	第二招牌产品
份额产品	招牌产品	形象产品

外线竞争

内线竞争

存量市场　　　　　　　　　　　　　　　品牌势能

图 6-1　产品矩阵模型

1. 份额产品

份额产品通常处于成熟市场，是该市场的主要主导者，而且是销量非常不错的产品，企业为获取市场份额，需要通过场景化、视觉化、特性化等方式实施份额产品的竞争，如果缺乏份额产品，企业将存在失去主流市场和被边缘化的竞争风险。

2. 招牌产品

招牌产品是品牌的代表性产品，行业中领先品牌的招牌产品往往可以代表整个品类。在内线产品竞争中，通过在顾客心智中确立一个强势招牌产品形象可以提高品牌势能。

3. 形象产品

形象产品服务于内线产品中的势能顾客，形象产品不一定给品牌带来巨大的销量，但可以针对全行业提振品牌的形象。

4. 种子产品

种子产品必须处于增量市场之中，往往是品牌将要涉足的新品类或者是比较看好的趋势品类。衡量种子产品是否成功，要看种子产品能否帮助品牌拓宽认知，成功吸引到新顾客，以及能否帮助品牌增强客户黏性。

5. 火苗产品

火苗产品是企业面对未来竞争的宝贵财富，是经过早期孵化已经形成一定种子用户的种子产品，已经具有一定的市场份额，是外线产品中既能提升品牌势能又能增加企业营业额的产品。

6. 第二招牌产品

外线竞争最高原则就是培养第二招牌产品，这是衡量外线竞争是否成功的标志，如果品牌能够成功在外线竞争中打造出第二招牌产品，就会带动品牌进入下一个大规模增长阶段。

以今麦郎通过竞争矩阵评估实现产品品牌战略为例。

今麦郎内外线的产品品牌现状如图6-2所示。

增量市场

外线竞争	种子产品 蛋花汤、今麦郎天然水、米饭先生	火苗产品 软化水、小兔聪聪	第二招牌产品 凉白开
内线竞争	份额产品 乌冬面、刀削面、老坛酸菜牛肉面	招牌产品 一袋半、一桶半	形象产品 拉面

存量市场　　　　　　　　　　　　　　　　　　　　　　　品牌势能

图6-2　今麦郎内外线产品矩阵

根据模型分析得出，今麦郎的主品牌非常强，今麦郎应该采用主品牌战略，主品牌为所有产品品牌背书。具体的产品品牌战略规划如下。

第一，产品品牌可以以产品矩阵为核心分别建立为招牌产品、份额产品、形象产品、种子产品、火苗产品、第二招牌产品的产品品牌。

第二，从主流、趋势出发创建产品品牌。从主流面品、饮品、各品类增长趋势出发创建产品品牌。

第三，立足产品矩阵打造产品品牌。立足产品矩阵以招牌产品一桶半、一袋半和第二招牌产品凉白开为重点打造的产品品牌。

6.4　打造势能背书品牌

势能背书品牌的扮演者可能是主品牌、技术品牌或人。例如耐克城、乔丹、勒布朗、伍兹都是耐克主品牌的势能背书品牌。

背书品牌耐克城给消费者带来的体验是任何竞争者和零售商都无法比拟的。竞争者面向的消费者大多数是分散的、零星的；大多数零售商只是陈列耐克品牌的产品，没有动机去为耐克的品牌创建像耐克城这么大的空间。因此，耐克城商店在耐克的品牌创建中起了关键作用，它作为核心和立足点，同其他所有品牌创建活动都建立起联系。

1992 年，耐克在芝加哥的北密歇根大街开了第一家耐克城商店，这在品牌创建中是前所未有的。这家零售店有 3 层楼，一共约 6500 平方米的销售空间，有 18 个独立的产品专柜用来展示耐克的所有产品。最重要的是，通过表现活力四射、"Just Do It"的理念和直截了当的态度来传达耐克的品牌价值和理念。在店里巨大的电视屏幕上可以看到重要比赛的精彩回放，有乔丹在空中飞翔的巨幅海报，还有一个乔丹纪念馆。商店的建筑风格、布局、陈设以及整体视觉和氛围都体现着耐克的个性特征。

1996 年，耐克城商店超过艺术馆成为芝加哥最吸引人的旅游景点，每年有 100 多万名参观者，年销售额达到 2500 万美元。在芝加哥耐克城开张之后的 6 年内，陆续出现了 12 个新的耐克城。

耐克城主要展示的耐克品牌形象如下。

1."美国梦"文化传递

20 世纪 80 年代末期，乔丹是从贫民窟走出来的非洲裔美国人，演绎出一段"美国梦"的传奇经历。随后耐克将文化延伸到足球、高尔夫球、田径等众多领域。

2. 创建产品品牌

空中飞人是耐克旗下以史上最著名的美国职业篮球联赛（NBA）球星迈克尔·乔丹命名的系列。耐克为乔丹推出了第一款以乔丹命名的球鞋，即"空中飞人"系列的第一款。

第二篇
品牌打造

品牌打造是通过一整套科学的方法，从品牌的基础入手，对品牌的成长飞跃、管理、扩张、保护程序等进行流程化、系统化的运作。

品牌打造是一个系统的、长期持续的、不断丰富的塑造过程，具有导向一致性的特点。

第 7 章
品牌打造遵循

品牌打造是建立和塑造品牌形象的过程，它通过一系列策略和方法来提高品牌的认知度、好感度和忠诚度。在品牌打造过程中，有一些被广泛认可的法则可以指导品牌的建设和宣传。

7.1 品牌打造法则

顶级品牌有六大营销原理，分别为最高使命、渴望与归属感塑造、非销售行为、从故事到意义、让产品独一无二和平衡发展，这些也应该是品牌打造的法则。

7.1.1 最高使命

顶级品牌要想履行它们的使命，首先必须要有一个"使命"，最开始可能是某个点子或理想，好点子应该是有抱负、打破常规、敢于创新的。

顶级品牌实现使命有两种方法。

一是通过"贵族义务"，让社会、经济、政治等目的成为你存在的核心，把产品、服务等业务当作筹资活动。

二是重塑，重新塑造一个类型或标准，使你和支持者之间存在的价值上升到一个更高的层级，要基于先原则后利益的标准。

星巴克就是典型案例，"激发和孕育人文精神——每人、每杯、每个社区"的星巴克使命，让美国人心甘情愿地为平均成本仅为 1 美元的拿铁咖啡掏 5 美元。

现在的消费者其实并不想要以前那种批量生产的产品和服务，而是更加重视个人特征的产品独特性的发展。所以，当物质满足对大多数人来说已经成为理所当然时，能够给消费者带来无形的心理或精神满足的品牌才能在世界上立足。

要塑造的概念有 3 个层面，分别代表"用户喜欢我""与我相似"和"在我之上"，那怎么塑造呢？

第一要有基本关系，第二要与消费者关联，第三要打动消费者。

7.1.2　渴望与归属感塑造

营销的重要指标是传播信息，然后达到销售的结果，但对于顶级品牌而言，传播还肩负着构建品牌想象的使命，所以营销活动一定要加倍用心，多维度考虑。

传统的大众市场营销活动仅仅关注满足需求，而优质品牌的营销需要创造市场需求。顶级品牌往往遵循二分法则：达到高点，赢得市场；保持低调，留住市场。

战略打法第一步，使用自上而下与自下而上的方法关注需求本身，所以能够看到很多品牌在推出时，在相关领域先结交一些"潮流引领者"，依仗其逐步壮大原始用户。

战略打法第二步，关注产品和服务，而非消费者，顶级品牌会塑造一种稀有感，以构建独特性，继而战略性控制供应，以刺激需求量。

特斯拉就是典型的案例，它的打法架构呈现阶梯状模型，首先触顶赢得高端市场，随后向下游发展，利用顶端资本逐渐膨胀至中、低端，逐步覆盖全部市场。

同时，限量理论也能发挥重要作用，爱马仕铂金包是世界上最知名的手包之一，为什么呢？其策略是在推出之时就告诉消费者只能提前预约，并且谁也不能插队。每一个购买的人，都能促使这个品牌走向神秘，并逐渐达到顶峰，从而引发人们渴望拥有的欲望，也增加拥有者的自豪感和保护欲。

7.1.3　非销售行为

顶级品牌最大的挑战是既要树立能吸引消费者的品牌形象，又要为消费者营造购物氛围，而不是靠吹捧产品和降低价位来刺激销量，吸引客户。

为刺激消费，顶级品牌着眼于市场沟通与宣传，即非销售行为，有 4 种模式。

1. 展示骄傲，挑衅消费

顶级品牌不主动取悦消费者，而是努力给消费者留下印象，不接受被消费者"呼之即来，挥之即去"的自我状态。即使在人们相对容易接触到的领域，顶级品牌也必须呈现一种居高临下的姿态，以此来区别于其他品牌的价格及差异。

2. 避免过度曝光

毫无神秘感的宣传产生不了有效的结果，顶级品牌比较注重用暗示的手段去创造心理错觉，用捉迷藏的手法代理直接的品牌展示。

大众品牌所传递的信息通常浅显易懂，而高端品牌尤其是时尚品牌在传递信息时则更加含蓄，因为高端品牌不需要向顾客极力推销自己，它们自带光环，不必放下身段委屈自己。

3. 独特艺术

顶级品牌通常致力于在某一方面创造艺术魅力。如今，品牌成为商业与文化彼此互助的桥梁，一个带来可观的金钱和广泛的吸引力，另一个则提供名誉和受众认知。

比如品牌可以用赞助商的身份参加到文化活动中，还可以用文化活动的发起者和参与者身份发挥着自己的作用，文化精英才是品牌的顶级目标客户，才是品牌需要保持密切联系和尊重的人。

4. 言出必行的沟通

顶级品牌不但可以开发出自身的品牌付费内容，同时也能充当营销媒介，现代营销开始从付费媒体转向自媒体。

在非销售行为中，品牌不希望自己被说成过度自我推销，但若拥有自媒体，就可以创造和控制它们的粉丝群。

7.1.4　从故事到意义

产品才是品牌的核心资产。如果品牌只注重外在联系，那品牌展现自身的方式就不能引导客户了解品牌的故事与内涵。只有有了品牌故事，才能把品牌营销的意义提升到客户情感诉求之上。换言之，追寻深度的最佳方法是深入自身品牌历史、深入产品使命、深入客户心理。

1. 故事更有人情味

客户购买的不仅是某款产品，而是品牌为这款产品构建的共情故事，比如原本冰冷的产品一旦融入故事，就被赋予了一定意义、情感和生命。

在丹尼尔·卡尼曼的畅销书《思考，快与慢》中，对于市场营销和品牌神话的缔造有两个重要启示：

第一，顾客对于品牌信仰的个人自信，大部分基于他们在品牌故事中能够看到的意义；

第二，记忆式的品牌故事能为将来保留强有力的参考。

2. 故事塑造成神话

那么，顶级品牌故事如何衍变成为神话呢？这最终取决于品牌的客户群，以下 4 个功能可以大大提高品牌的神话属性。

（1）超自然功能。

神话里的字句从来不会出现在我们日常生活里；神话里的暗喻和语言能起到唤醒人们的作用，并将我们与超现实的世界连接起来，探索生命的奥秘。

（2）宇宙观功能。

在现代社会以前，神话的作用是解释我们身处的大自然和时机更换，用来探索宇宙，用来解释生前死后的一切。换句话说，神话被用来解释那些人们无法理解的一切。

（3）社会功能。

故事通过一些特定规则和决策引导我们，这个过程是自然流畅而又具有神性的，一方面有助于我们理解并遵守社会规则，另一方面也能鼓舞人的斗志，打破规则，将人凝聚在一起。

（4）教育功能。

神话对于每个独立个体都有着相同的方针，它能在特定情况下提供蓝图，根据问题具体分析，指导人们抓住机遇，掌控生活。

3. 故事赋能品牌

那么如何创造一个故事赋能品牌成长呢?

(1)为品牌故事取一个好名字。

为品牌故事取一个引人入胜的名字,需要结合品牌的核心价值观、目标受众和故事的核心冲突或情感张力。

尝试从品牌故事最独特的冲突点切入,找到那个"让人想追问下去"的名字。故事不是为了讲述品牌,而是让品牌成为用户故事的一部分。

(2)学会制造冲突。

单单一个毫无边际的蓝图达不到神话的效果,尤其是品牌故事,要做到"超越神话",必须脚踏实地,立足于现实。

作为一个会讲故事的人,首先要陈述出问题的要略,然后再展示自身克服这个问题的过程。这也是为什么品牌故事中的英雄们总是要克服各式各样的难关。品牌故事充满了悬疑和不合理的地方,但正是这样才能让人难忘,而这也正是打造顶级品牌的基石。

(3)真理的疑问。

品牌故事必须是真的吗? 在一个物质世界里,答案似乎是肯定的,但可以适当修饰下品牌故事,事实上你必须更夸张地进行渲染,不然就"老调重弹"了。

若想为品牌注入新风尚,并且达到昌盛不衰的地位,那就必须勇敢突破,超越现实,将实际生活和品牌故事无缝衔接起来。百加得品牌就是很好的案例,它一方面记载品牌的真实故事,另一方面将故事上升到神话高度,关键在于它很好地将产品朗姆酒和品牌故事融合在一起,展现出一种激情能量。

7.1.5 让产品独一无二

即使最有威望或最神秘的品牌,脱离产品也是一纸空壳。现代信誉品牌或者顶级品牌,必须用优质的产品去构建它们的品牌王国。

越来越多的消费者开始主动寻找真正优质的产品,而不再盲目地随波逐流,人们开始规避恶俗的东西,寻找经得住考验的产品,或者说真正值得为之付出金钱的产品。

1. 源于品质的传奇

2005 年，创始人阿原对品牌阿原肥皂完全失去信心，他感到自己无法再承受巨大的工作压力，也容忍不了品牌以往的经营模式，他开始了较长一段时间的反思。

他去往工作坊，了解其产品的原料及生产流程，在制作现场闻到肥皂中所使用的天然草药香气，其中包括柠檬草、茶叶、亚洲香草等。

他感受到了其产品的核心内涵在于"优质的中药材基因与药厂的匠心精神"，然后据此重新塑造品牌，再次推向市场，取得了意想不到的效果。

2. 艺术是品牌审美的差异化表达

产品的视觉设计、美学风格与文化内涵，是品牌差异化的高维竞争要素。吸引用户注意力，传递品牌调性，构建身份认同标签。例如，特斯拉新能源汽车棱角分明的赛博朋克设计，打破传统汽车造型逻辑。

艺术的落地策略如下。

（1）设计语言统一性：从产品到包装贯彻统一风格。

（2）文化符号植入：将地域或历史元素转化为设计基因，如故宫文创的"千里江山图"系列。

（3）用户共创美学：开放设计定制的个性化服务。

（4）艺术赋能品牌的关键公式：

艺术 = 视觉冲击力 + 文化共鸣力 + 用户参与感

3. 仪式感是品牌情感连接的催化剂

仪式感是指通过产品使用流程、交互设计或场景营造，赋予用户"超越功能"的体验。仪式感可以增强用户记忆点，触发情感依赖，提升复购与传播意愿。

仪式感赋能品牌的关键公式：

仪式感 = 细节惊喜感 + 行为符号化 + 场景专属化

品质、艺术与仪式感是产品驱动品牌价值的 3 大核心维度，它们共同塑造用户对品牌的功能性信任、审美认同与情感依赖。

（1）品质为底：确保基础信任，避免华而不实。

（2）艺术为翼：提供差异化认知，避免平庸化。

（3）仪式感为桥：连接功能与情感，避免冰冷工具化。

这 3 者的融合能让产品超越实用价值，成为用户生活方式的象征，如表 7-1 所示。

表 7-1　品质、艺术与仪式感赋能品牌具有良好的协同效应的应用案例

行业	品质重点	艺术表达	仪式感设计
奢侈品	手工工艺	经典图腾	专柜礼盒包装 + 终身保养服务
科技产品	芯片性能	极简设计	开箱动画 + 态设备联动提醒
食品饮料	原料溯源	国风造型	食用步骤指引

7.1.6　平衡发展

顶级品牌为增加可信度，符合自身的目标与客户期望值，就必须让品牌故事和品牌使命融入日常中的方方面面。

在品牌打造过程中遇到的主要问题以及面向未来的终极平衡法则如下。

1. 从别人的错误中吸取经验

一般情况下，如果大多数消费者不具备良好的鉴别能力，就会有很多监管工具来规范市场，大众设立的信任标准越来越高，那些苦心经营的公司稍有差错，就会毁于一旦，因此谨慎是必须的。

服装品牌露露乐蒙一直受到产品质量谣言的困扰，2013 年这一谣言就成为了真正的丑闻，它的一款田径裤在拉长后几乎是透明的，仅这一项就让品牌足以致命，其品牌形象和市场均遭受重创。

2. 内外传播，一切皆文化

当今社会备受尊重的品牌，无不是基于自身使命而建立的，唯有如此才有可能创造一个真正的顶级品牌。所以对于品牌而言，经营者必须把使命印刻在心里，然后以各种独特的方式将它传递给公司的每一个人。

正如安吉拉·阿伦茨所说："所有人都在说与客户建立关系，实际上他们应该做的首先是与自己的员工建立关系。"只有这样，才能将品牌的使命和故事由内而外地传播出来。

3. 发展中的终极平衡法则

要实现"永不止步"的发展，顶级品牌必须平衡好两个需求：对于利益和知名度的需求以及对于神秘感和稀缺性的需求。

大多数大众品牌沿着线性根基模式发展，而顶级品牌则呈几何倍数增长，为实现自己的目标，达成自身需求的平衡，实现平衡发展。

为什么顶级品牌能一直保持成功，又不会被时代潮流所淘汰呢？为什么它们在最大化实现目标同时又能获得尊重的呢？

答案很简单，就是平衡发展。这要求品牌注重销售、营销、损失3者的曲线保持指数函数增长且尽可能平稳。

顶级品牌具有创新性，保持强大的研发力，同时不断完善自己并推陈出新，这尤其重要。而反向发展一般是抑制过度增长，对顶级品牌而言是种较为健康、自然的发展策略。

7.2 品牌类型

根据产品价值易识别性和品类成熟度两个指标构建品牌定位类型模型，横轴为产品价值易识别性，纵轴为品类成熟度，如图 7-1 所示。

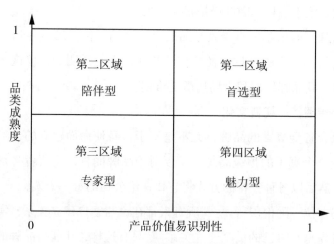

图 7-1 品牌定位类型模型

第一区域为首选型，品类成熟度比较高，市场已不需要再教育；品牌所对应产品的价值识别性高，并且具有比较高的情感价值。

第二区域为陪伴型，此区域的产品往往价格较低、轻决策、强社交属性，但产品核心价值不易识别，需要加强与消费者的沟通与交流。

第三区域为专家型，此区域的产品价值识别性和品类成熟度都不高，往往需要专家身份来背书，加强对消费者的说服。

第四区域为魅力型，此区域的产品价值的识别性高，特别是通过外形等吸引消费者，但品类的成熟度不高，核心价值对消费者具有较大魅力。

每个类型的特点与构建如下。

7.2.1　首选型：价值观和信任感

首选型品牌的核心价值在于成为人们心中的第一选择。这类品牌通常居于领导者地位，经过较长周期的积累和经营，无论品牌知名度还是渠道铺设的广度，都在告诉消费者"我值得成为你的第一选择"。对这类品牌来说，构建的关键在于建立彼此认同的价值观，并不断夯实信任基础。

1. 构建"最大公约数"价值观

这类品牌通常需要超越自身，去寻找代表人类共同价值的意义，以此和最广泛的人群建立共识。可口可乐的"快乐"、方太的"因爱伟大"、腾讯的"科技向善"都是这一类型的代表。

2. 不断获得用户的信任

品牌要建立信任，可考虑三种叙述方向：

第一种，重复讲述业务和品牌的起源，由使命驱动；

第二种，突出品牌除了创造利润之外还做了哪些事；

第三种，说明产品货真价实及其对消费者的重要性。

7.2.2　陪伴型：存在感和讨好力

陪伴型品牌属于高频低价、轻决策、强社交属性的品牌，通过不断刷存在感和"讨好力"来获得用户的选择，意味着在对目标人群细致洞察上的机智应对和情绪共鸣，以此激发沟通对象的兴趣好感。各种快餐、快时尚、茶饮、咖啡品牌是该类型的代表。

如何构建陪伴型品牌？

对这类品牌而言，存在感和讨好目标人群，主要靠以下方法来实现。

1. 明确沟通对象

无论近距离的陪伴还是取悦，品牌需要定义清楚明确的沟通对象。如快餐品牌老乡鸡，明确其沟通对象就是打工人，无论是在社交媒体打造一个摸鱼小编的人设，还是每周为打工人提供各种福利，都围绕这群人的需求和情绪展开，从而获得真正的共鸣和认同。

2. 高频"撩人"

保持极高的存在感，无论产品联名、活动事件、创意内容，都是用最低成本吸引围观和讨论，时时撩动人们心弦。

3. 投其所好

陪伴型品牌给予用户的，往往是情理之中的小惊喜，既不突兀也不乏味，比如麦当劳的"猫窝"、香菜味冰淇淋都是这个套路。

7.2.3 专家型：专业形象构建

如果在目标市场并非第一，则更适合构建"专家型人设"，相对于"首选"，寻找和目标用户适配度更高的契合点，以此建立某一方面的专业形象，成为最合适的选择。

1. 专家型品牌构建核心

专家型品牌构建的核心是打造合理性，而最大的合理性就是身份，包括两类。第一是品牌自身身份。例如，主打敏感肌肤护肤"专家"的薇诺娜，创始人团队具备医药学产研背景。第二是品牌合作身份。例如，主打抗敏的专家型牙膏品牌舒适达宣传自己是"口腔专家建议品牌"。

2. 专家型品牌构建方式

对专家型品牌来说，品牌要在产品包装、渠道终端、广告物料上明确展示自己的"专家身份特征"，核心构建方式有两种。

第一是强化身份的企业故事和专业类动态新闻。前者是打造口口相传的故事，重复传播，吸引大众用户；后者则是通过合作权威机构、建立研发实验室、专利及技术创新、白皮书发布等方式，在兴趣用户中深化"专业性"感知。

第二是用户的使用仪式感和功效性获益。强化产品使用过程中的专业仪式感，如舒适达做的刷牙打卡日历，打造有功效的用户内容分享，是显现和外化专业感的重要方式。

总之，品牌根据自身所在行业赛道、自身定位、市场竞争格局和战略优势，既要定义自己所处位置及核心输出点，又要对应品牌的价值观和人设。清晰明确定位品牌并构建精神内核，更快、更准确地与用户建立需求和情感的专属连接。

7.2.4　魅力型：强大且反叛

魅力型品牌往往具有强大的魅力值，其魅力主要通过"近乎攻击性"的强大外在特征来对外展示，通过反叛精神来构建内核。首选型品牌是指"人群中一眼可见"的显性张力，如苹果的产品外观、网飞的大胆内容、香奈儿颠覆传统女性的设计、万宝路的西部牛仔形象等；而魅力型品牌指埋藏于内的反叛精神，驱动品牌跳脱常规，反常理行之，成为人人向往而不易得的绝佳风景。

如何构建魅力型品牌？

从公司到品牌到产品精神一脉相承，打造为实现其价值观愿景的事件，看上去非商业，甚至非理性。这种意外感，能让人们被其"强大的精神感召力"深深触动，例如巴塔哥尼亚"把公司捐给地球"、马斯克的"火星计划"等，这些事件让品牌精神内核得以充分外化，令人感受到热烈、致命、桀骜不羁的吸引力，甚至由此而产生崇拜。

陪伴型和魅力型品牌的区别是"懂你所好"和"为了你好"。前者是双向奔赴，需要彼此反馈；后者是单向输出，构建强大召唤力。

7.3　品牌打造影响因素

影响品牌打造的因素很多，其中消费者、产品和企业发展阶段与品牌打造策略息息相关。

7.3.1 用户视角

1. 消费者的品牌认知层次

从消费者行为的角度分析，可根据消费者与品牌之间行为关系的强弱将消费者分为 5 个类型的人群，可用 5A 模型表示。

Aware：了解，属于被曝光人群。

Appeal：吸引，属于浅互动人群。

Ask：问询，属于深互动人群。

Act：行动，属于购买人群。

Advocate：拥护，属于粉丝用户。

针对不同类型的人群，品牌应该采取不同的营销策略，其效果目标也不同，如表 7-2 所示。

表 7-2　品牌认知层次

	认知	兴趣		购买	忠诚
5A	Aware	Appeal	Ask	Act	Advocate
	了解	吸引	问询	行动	拥护
消费者状态	被曝光人群	浅互动人群	深互动人群	购买人群	粉丝用户
品牌动作	曝光	触达	互动	转化	沉淀、激活

品牌通过发起动作（广告、新闻等）完成对目标消费者的曝光、触达、互动、转化、沉淀激活。在此过程中，使用户从被曝光人群变为浅互动人群、深互动人群，再变为购买人群、粉丝用户。

围绕着用户与品牌的互动关系，理解品牌动作。围绕"对的人"多维度、多次触达，进而触发消费者行为，拉近品牌与目标消费者的互动关系，从了解、吸引转向询问、行动、拥护。

2. 洞察用户需求

马斯洛将需求分为 5 个层次：生理、安全、社交、自尊、自我实践。马斯洛需求层次理论为我们理解需求打开了方便法门，马斯洛在自己提出 5 层需求模型之后，又加了一层，叫认知与审美。在自尊之上、自我实践之下。所以，准确界定目标消费群的需求层次，才能针对性地设计和开发品牌传播策略。

奔驰车有一个针对市场而做的定制化功能——加长，这满足了什么需求？

"今年过节不收礼，收礼只收脑白金"，满足了什么需求？

"项王见秦宫皆以烧残破，又心怀思欲东归，曰：富贵不归故乡，如衣绣夜行，谁知之者！"满足了什么需求？

另外，需求可从痛点、情绪和需求 3 个维度进一步分解。

痛点的 5 层维度：怨、恨、恼、怒、烦。

情绪的 5 个根源：贪、嗔、痴、慢、疑。

需求的 5 个表现：想知道、贪便宜、怕麻烦、爱面子、要证明。

有时需求是隐性的、非表层的，而情绪、情感、态度、行为却是显性的、表层的。贪、嗔、痴、慢、疑，怨、恨、恼、怒、烦，每一个情绪、每一个不爽的背后都有一个未被满足的需求——恐惧导致焦虑、焦虑唤起行为，比如贩卖知识只是形式，贩卖焦虑才是本质。

7.3.2　剖析产品

产品是满足消费者需求的有形和无形的组合，其内涵包括产品的核心、产品的形式、产品的附加，如图 7-2 所示，理解产品要回归根源，核心在于对产品品类、特性、分化的理解。

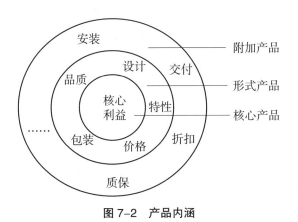

图 7-2　产品内涵

1.产品结构

产品核心：产品的物理属性（功能、利益、价值）。

产品形式：产品的社会属性（包装、形式、外观）。

产品附加：产品的精神属性（理念、故事、价值观），产品的附加正是品牌打造的核心点。

靠什么抓住品类分化、靠什么制造爆款，核心还是落在产品力上。产品力本质上是对于品类、特性的理解，最终落在产品功能、利益上的极致体现。要表现、转达对于产品的极致追求。

"王饱饱"是冻干水果、"小仙炖"抓住了鲜、"王小卤"先炸后卤、"三顿半"聚焦速溶、"拉面说"有料有肉。这些新消费品牌，都是在产品上超越了原有品类产品的某个特性。这些特性可能是原有品类的消费痛点，可能是消费者未被满足的需求，可能是未被发现的新场景。

产品力的本质是通过产品功能、利益上的聚焦，占据品类新的特性。新的品类特性，是消费者对老品类的诟病、痛点，是未被满足的需求。产品之所以能出爆款，本质是抓住了新品类特性，抓住了新需求。

事实上，关乎产品的问题都是大问题，营销从发现、满足需求出发，第一个落脚点就是产品。产品是一个企业对客户需求的全部理解。从产品命名、包装设计、戏剧化购买理由呈现，哪点也离不开需求，哪点都要从需求出发、为需求服务。

2.产品铁三角

产品铁三角由命名、包装、戏剧化购买理由 3 部分构成。

产品首先是听觉，其次是视觉。也就是说，对于产品来说，首先是命名，其次是包装。

命名 = 戏剧化表达 + 购买理由

产品的名字就是购买者利益，要戏剧化表达放大购买理由。

（1）产品命名赋予产品生命。

命名不只是决定产品叫什么，还包含展现企业做什么；不只是产品的问题，还包括对品牌的理解及品类背后的思考。

（2）好包装让产品会说话。

产品包装是企业自有媒介，消费者先看到的是包装。产品自己不会说话，好包装让产品会说话。

（3）戏剧化表达：情理之中，意料之外。

戏剧化购买理由是产品核心利益、价值、差异化的戏剧化表达。仅仅平铺直叙地讲述事实还不足以打动消费者。必须让事实更加生动、更加有趣，并富有戏剧性地表现出来，才能够有效地吸引人们的注意力、降低沟通成本、提升传播效率。"今年过节不收礼，收礼只收脑白金"就是很好的例子。

戏剧化要围绕购买理由展开，脱离了购买理由的戏剧化表达就成了创意广告，目标是让消费者记住产品，而不是记住广告。

（4）产品的卖点公式。

在产品投放市场的初期，大多数购买者是技术狂热者或有远见者组成，最主要的价值领域就是技术和产品功能，提炼卖点的过程为拆分产品、归纳卖点、聚焦问题、提炼买点，如图 7-3 所示。

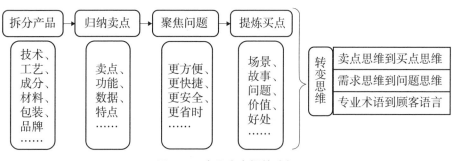

图 7-3　产品卖点提炼路径

产品卖点公式为：

选用 ××× 具有 ××× 功能，满足了 ××× 利益，所以 ××××。

新品牌上市之初，在资金有限的情况下首先是单点突围，不需要挖掘很多眼花缭乱的卖点、特色。集中力量在产品力上突围，在产品力（功能—利益）上找差异化点。从工艺、配料、成分，到功能做减法，把利益点削得尖尖的，利出一孔。

例如，元气森林选用了水、赤藓糖醇、二氧化碳等配料，具有低糖、0脂、0卡功能，满足了使用者既想喝饮料又怕胖的需求；小仙炖选用了95℃恒温炖煮技术，具有营养留存最大化功能，满足了使用者既想吃燕窝又不方便加工的需求。

7.3.3　不同产品发展阶段的品牌策略

产品的不同发展阶段，其发展的突破点不同，相应的品牌策略也不同。企业从起步到发展壮大，可划分为4个不同的阶段，不同阶段采取不同的品牌策略，如表7-3所示。

表7-3　不同阶段品牌策略

阶段		目标	策略
0～1000万元	等量增长	发现品类机会	单点单品，高效转化，流量变销量
1000万～1亿元	指数增长	心智深耕	产品线扩展，渠道渗透，深耕用户心智
1亿～10亿元	品牌拉力	破圈拉新	跨界背书，破圈与用户留存
10亿～50亿元	护城河阶段	夯实护城河	供应链、品类渗透

阶段一：0～1000万元，单点单品，高效转化，流量变销量。

阶段二：1000万～1亿元，产品线扩展，渠道渗透，深耕用户心智。

阶段三：1亿～10亿元，跨界背书，破圈与用户留存。

阶段四：10亿～50亿元，供应链、品类渗透。

打造爆品是核心用户的圈层引爆、明星代言、跨界联名，是突破圈层的品牌动作。从全品牌发展阶段角度分析，消费者可分为创新者、早期使用者、早期大众、晚期大众和落后者5类。所以，品牌发展的关键是从早期使用者向早期大众过渡时的跨越阶段，如图7-4所示。

同理，产品也可对应分为4类，每类对应激发的用户如下。

爆品阶段：创新者＋原点人群

出圈阶段：早期使用者＋原点渠道

跨越阶段：早期使用者＋早期大众

品牌阶段：早期大多数 + 晚期大多数

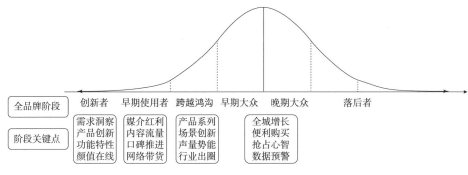

图 7-4 新品牌跨越鸿沟

创新者与早期使用者对于新产品的关注度往往更高。在这类人群中，往往潜伏着大量的意见领袖和信任代理型的消费者，这部分人对于产品初入市场起到了推波助澜的作用。在这个阶段，要高度聚焦单品的价格、品相，沉淀品牌印象。

当产品到了跨越鸿沟阶段，就需要从爆品做到爆款，从一个产品到一个系列。通常的做法是设置高、中、低三档产品，价格覆盖产业的主要价格带，为的是满足多个细分市场的不同需求。

从单一的渠道到多渠道、从单一爆品到多品延展、从公域流量到私域运营，一是抓住创新者和早期使用者所带来的口碑与传播效应，二是放大口碑。"第一"带来的是示范效应，是一个强大的选择理由。

所以，我们可以把市场战略理解为绘制一张"作战地图"。企业战略已经把行业、市场、业务、产品线规划好，好比粮草、兵马都已经准备好了。市场战略就是思考怎么打这个仗，先出哪个兵（产品），先占领哪个山头（原点市场）？怎么从一个点到一条线再到一个面？形成一个怎样的局面？

产品是占领货架的，品牌是占领心智的。品牌战略就是上兵伐谋。

7.4　新品牌打造

如何从 0 到 1 科学地打造一个新品牌？首先需要分析品牌的起源。

7.4.1　品牌源于品类分化

商业发展的动力是分化，分化诞生新品类，真正的品牌是某一个品类的代表。品类一旦消失，品牌也将消失。

品牌是品类及其特性的代表，提升品牌的认知效率，就是有效控制品类及其核心特征的过程。比如蒙牛公司在创立伊始就用名称控制牛奶品类"内蒙古草原牛奶"的核心资源，并将自己和品类老大伊利紧紧绑在一起。

当今的中国，品类分化的速度前所未有地加快，打开网店，走进线下商超，我们所见到的商业竞争，都是品牌在代表品类参与竞争。

品类研究成为企业打造新品牌必不可少的一步，通过科学的调研和分析，我们能够找到某个品类的相关规律，帮助我们判断入局时机、品类归属、品类核心资源等问题，从而为品牌打造提供有利的信息源。

7.4.2　新品牌打造流程

从 0 到 1 科学打造新品牌，可分为判定最优心智品类、定位最优品类资源和实行品牌信号战略 3 步，如图 7-5 所示。

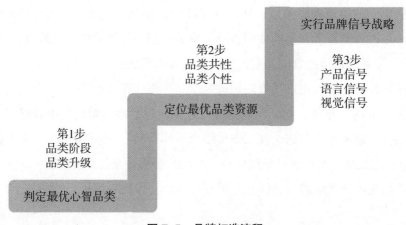

图 7-5　品牌打造流程

1. 判定最优心智品类

对于产品品牌来说，品类归属是否正确有 3 个判定原则。

（1）是顾客心智决策的最后一级品类。

品类概念的底层思维是"类思维"，从认知心理学的角度看，我们认识一个事物遵循着格式塔原理，即先整体后局部。首先是将其归类，就像把信息存储到大脑中的一个个抽屉里，然后打开抽屉来找东西。

认识品类必须了解其层级结构，而且必须是顾客心智中的层级结构，比如格力虽然在电器这个大品类之下，但人们不会一想到电器就想到格力，因为最接近顾客心智的层级是空调。同样，我们买衣服不会立马想到由彼（ubras），只有想买内衣的时候，此品牌名才会出现。

（2）这个品类心智容量足够大或足够强。

心智容量取决于共识度，比如在果汁大品类中，橙汁比苹果汁心智容量更大；在奶这个大品类中，牛奶比羊奶的心智容量更大；在餐饮这个大品类中，面食比羊肉的心智容量大。这在西贝莜面村的历史定位案例中体现得非常极致，西贝先后定位西北菜、烹羊专家，因为扩张受限，最后改回"莜面村"。

当然心智容量并非越大就越好，大容量也意味着更激烈的竞争，尤其是处于现在产品空前丰富的时代。我们可以按照品类分化规律进一步分解，这时如果能分化出有一定容量且有价值的新品类切入，也是很好的选择。

比如一个视频通话机器人品牌小鱼在家，如果定位在整个视频通话领域会毫无竞争力，后来它聚焦到了一个非常细分但需求极强的场景——陪伴老人，定位为智能陪伴机器人，最终获得了成功。

（3）新品类处于上升期。

对新品牌来说，什么时候入局以及针对不同阶段制定不同的策略，核心在于对品类进程的分析。因为品类发展分为启动期、成长期、成熟期和变革期 4 个阶段，如图 7-6 所示。

在品类启动前期，往往因为文化理念原因，品类名未形成共识，传播成本很高，因此并不是新品牌进入的最好时机，20 世纪 90 年代有个品牌想做中国葡萄酒的普及者，投入 10 亿元，今天这个品牌已经找不到了。

过了临界点，品类进入启动期，品类名开始形成一定共识，这个时候品牌率先控制最为核心的品类心智资源，定义这个品类，往往能占得先机。比如第一个做凉茶的并不是王老吉，但它却首先找到并控制了"预防上火"这个品类核心资源。

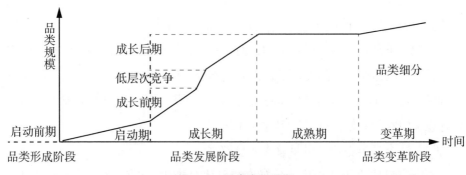

图 7-6　品类发展周期

在成长期，品类具有一定的汇聚效应，需求旺盛，消费者开始主动搜索品类名，同时伴随着行业价格战。这时候进入需要提供产品的优化解决方案，通过品牌工具迅速汇聚品类资源，并加大传播建立品牌势能，成为大家心智中的品类优质选手。品类成长期是品牌进入的黄金时期。

成熟期阶段，市场格局稳定，通常来说市场前两名份额相加大于40%，这时新品牌进入的机会小，评估投入产出比低，可以去寻找品类变革的机会。

总的来说，品类在启动期和成长期，结合自身优势资源入局是比较有利的，而在启动前期和成熟期必须要保持谨慎。

2. 定位最优品类资源

最优品类资源在不同发展阶段有不一样的解决方案。

（1）在品类启动期，抓住品类共性资源。

品类的共性也是品类属性，所有的创新品类都必须自带基本属性，同时赋予新的属性。比如，新能源汽车基本属性是"代步"，新属性是"可充电"；智能手机基本属性是"通话"，新属性是"操作系统，自装软件，全触屏"。

在新品类启动阶段，品类本身就是需求的全新解决方案，行业领先者要做的是去定义和代表它，做最像这个品类的品牌。

统一的鲜橙多做了最像橙汁的橙汁品牌，洽洽做了最像瓜子的瓜子品牌，蒙牛作为启动阶段的后进者在品牌上做得更像草原牛奶。

（2）在品类成长期，基于共性找个性。

在品类成长期竞争加剧阶段，除了汇聚品类共性资源，还得找到基于心智需求空白的个性。例如，麦片这个老品类在王饱饱品牌这里通过非膨化、大果粒等品类改造方案将其变成了年轻人的饱腹代餐产品。

但在寻找个性的过程中，非常容易进入差异化陷阱，即为了差异化而差异化。比如有个牛排品牌，说自己的差异化是厚牛排，厚牛排中间的肉不易被烤熟，从而更加鲜嫩，这在国外也许行得通，却不符合中国人的口味认知。

3. 实行品牌信号战略

创建品牌的本质，是通过代表产品、话语和视觉体系汇聚品类核心信息，释放品类核心价值，将品牌的初始信号放到最大，让消费者条件反射式地接收信息，选择品牌。

品牌信号是品类核心信息的载体，信号越强，品牌认知效率越高，应当主要做好以下两点。

（1）标志产品。

标志产品是一个品牌的最强信号，即最能代表品牌定位的超级单品，顾客买了能切身感受到这个品牌不一样。例如苹果公司的标志产品是 iPhone，麦当劳的标志产品是巨无霸汉堡。强有力的标志产品，能帮助品牌在品类竞争中脱颖而出，为大众所熟知，因为它和顾客的接触是最具象的，最直接的。如果企业说自家的所有东西都好，所有的都是标准产品，并且有多个产品优势，顾客认知就会模糊。

（2）挖掘品牌"天线"。

既然是信号，可以说有的品牌信号强，有的品牌信号弱。

例如，在王老吉之前，某凉茶品牌一直在说"传统、养生、健康"这些概念，直到王老吉挖掘出"预防上火"这个品类核心资源作为品牌"天线"，凉茶品类才真正成长起来，王老吉也顺势成了品类领导者。

很多企业主，把品牌信号构建这个阶段基本省略掉，根据主观喜好取个品牌名，做个 Logo 就开始投放市场了，既不研究品类，也没有挖掘品牌"天线"，导致白白浪费了传播资源和渠道资源，顾客认知效率极低。

（3）视觉信号——Logo。

视觉信号是汇聚品类资源的另一个超级武器，其根本目的是增强品牌识别效率，聚集顾客的目光，并形成长期记忆。打造视觉信号最重要的手段就是符号化。

符号化是基于品类文化去寻找文化原型，文化原型是大多数人都认识、熟悉的东西，如优质字母、数字、动物等，它能够唤醒生理层面的力量。

有人将麦当劳和肯德基的 Logo 放在一起测算其识别效率，结果证明麦当劳"M"的识别效率更高，因为人们在它 3 千米之外就能看到，而肯德基的 Logo 只能在 1.5 千米才能看到。

当然，声音、味道等也可以作为品牌信号。

7.5 品牌系统建设

关于品牌建设，我们应该了解一下乔布斯的故事。1983 年，乔布斯对时任百事可乐公司总裁的约翰·斯卡利说了这样一句话："你是想卖一辈子糖水，还是想跟我一起去改变世界？"相信对任何有志向的人来说，这都是一句无法抵挡的话。于是斯卡利毅然来到了苹果公司并担任了苹果公司的 CEO（首席执行官）。1984 年麦金塔电脑的大卖，足以证实他们开始改变世界了。

乔布斯当时就是利用了品牌的思维说服约翰·斯卡利的，乔布斯说苹果公司的时候，用的是品牌理念的维度，即改变世界，而说百事可乐的时候，用的是最基础的产品事实维度"糖水"。这种对比说明品牌维度实施降维打击的谈话技巧，有抱负的人会难以抵挡。

7.5.1 品牌建设范式

品牌建设的范式分为品牌信念、情感价值、理性价值和产品实施四个阶段，如图 7-7 所示。

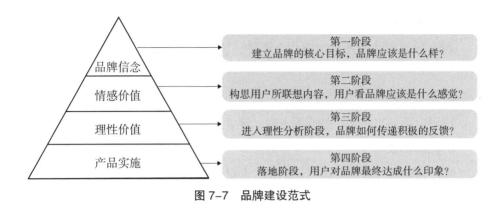

图 7-7　品牌建设范式

第一阶段：根据企业文化背景、业务形态确立一个品牌信念，明确品牌需要给用户传递什么品牌感受。

第二阶段：考量用户的情感，明确品牌的受众用户会有怎样的品牌感受，即情感价值。

第三阶段：梳理业务，结合理性的设计分析，构思通过哪些渠道传递给用户正向的价值反馈。

第四阶段：落地产品实施阶段，通过以上所有阶段品牌的打造，思考最终呈现一个什么样子的品牌印象。

7.5.2　品牌建设 7 步法

品牌建设分为品牌定位、品牌价值、品牌设计、品牌营销、品牌初创、品牌形成、品牌管理 7 个步骤。

1. 品牌定位

确定企业独特的核心价值，这个价值要传递给用户什么样子的品牌感受。

2. 品牌价值

明确品牌核心价值的支撑点是什么，以及如何在市场上进行推广、包装、体现等。

3. 品牌设计

确定并设计品牌定位的视觉表现形式，如 Logo 设计、VI 视觉系统设计、IP 形象设计等。

4. 品牌营销

在市场或者终端环节制造什么事件，营造什么气氛，让用户感受到产品价值。

5. 品牌初创

指用户第一次尝试产品或服务时，建立的互动关系。

6. 品牌形成

用户体验服务后推荐给身边朋友，与品牌建立了信任关系。

7. 品牌管理

针对已经形成的品牌概念进行相应的调整和管理，比如品牌升级等。

第8章
品牌定位

企业战略的核心是发现在"市场层面、消费者层面和企业层面"的机会，做好赛道（产业发展的通道）选择及确定品类，以此圈定品牌定位的边界。

品牌战略就是用品牌思维指引企业的营销来捕获这个机会，本质是要抓住消费者心中那个位置，占领消费者心智中的点。品牌后续的所有工作都围绕这个目的进行，无论是品牌定位的过程，还是后续的营销行动，其目的都是如此。

8.1 品牌定位流程

品牌定位指企业在市场定位和产品定位的基础上，对特定的品牌在文化取向以及差异上作出的商业性决策，它是建立一个与目标市场有关的品牌形象的过程和结果。

其本质是使产品在消费者的心中占领一个特定的位置，当消费者的某种需求突然产生时首先想到它，比如吃火锅，怕上火，就会让用户首先想到王老吉。

品牌定位是品牌经营的首要任务，是品牌建设的基础，是品牌经营成功的前提，品牌初期在品牌经营和市场营销中有着不可估量的作用。

品牌成为产品和消费者的桥梁，品牌定位也是市场定位的核心和集中表现，一旦选定了目标市场，就要设计并塑造自己相应的产品、品牌以及公司形象，以争取消费者的认同。

因此，定位的目的就是将某个产品转化为品牌，以利于潜在顾客的正确认识。成功的品牌都有一个特征，就是以一种始终如一的形式将品牌的功能和消费者的心理需求链接起来。

成功的品牌定位流程如下。

1. 确定目标受众

首先，品牌需要明确其目标受众，即希望吸引的消费者群体。了解目标受众的需求、兴趣和行为模式是品牌定位的关键。通过对目标受众的深入了解，品牌可以更好地满足其需求，并提供有针对性的产品或服务。

2. 确定竞争优势

在确定了目标受众后，品牌需要确定其在市场中的竞争优势。这可以是产品质量、价格、设计、服务、品牌形象等方面的优势。通过分析竞争对手和市场需求，找到自己品牌的独特卖点，从而在消费者心中形成独特认知，包括产品核心、产品形式和产品附加等内容。

3. 传达品牌价值观

品牌定位需要传达品牌的价值观和独特性，这有助于在消费者心中形成积极的印象。品牌的价值观可以反映在其使命、愿景、理念等方面，并通过品牌传播渠道传达给消费者。品牌的价值观应该与目标受众的价值观相契合，以增强消费者对品牌的认同感。

4. 创造差异化定位

品牌定位的核心目的是创造差异化，使品牌在市场中与其他竞争品牌区分开来。通过在产品、服务、形象等方面的差异化，品牌可以在市场中形成独特的认知感受，吸引目标受众的关注和兴趣。

5. 持续维护和改进

品牌定位不是一蹴而就的，而是需要持续维护和改进的。随着市场和消费者需求的变化，品牌需要不断审视和调整其定位策略，以保持与消费者的共鸣和品牌的竞争优势。

随着信息时代的到来，市场上的信息量呈爆炸式增长，消费者面临的选择也日益多元化。在这样的环境下，品牌定位能够帮助企业在众多竞品中独树一帜，形成独特的品牌形象。品牌定位不仅是一种识别符号，更是一种差异化的策略。通过精准的市场分析，企业可以找到自身的独特价值和定位，从而在市场中占据有利位置。

以苹果公司为例，其"创新、简洁、高端"的品牌定位使其在全球科技市场中独占鳌头。苹果公司凭借其出色的设计、卓越的性能和优质的服务，赢得了消费者的广泛认可和忠诚。这种差异化定位不仅使苹果公司在众多科技品牌中脱颖而出，更使其在消费者心中树立了不可替代的地位。

品牌定位不仅关乎企业在市场中的位置，更直接影响消费者的认知和行为。在现代市场营销中，消费者对品牌的认知和记忆成为影响购买决策的重要因素。品牌定位通过影响消费者的感知和记忆过程，进而影响其购买决策。成功的品牌定位能够使消费者在众多品牌中迅速识别出符合自己需求和价值观的品牌，从而形成稳定的消费忠诚度。

例如耐克"Just Do It"的品牌理念深入人心，使耐克成为无数年轻人追求卓越、超越自我的首选品牌。品牌定位不仅强化了品牌的识别性和影响力，更与消费者建立了强烈的情感联系，形成了独特的品牌认同感。

品牌定位不仅是市场营销的策略，更是企业战略的重要组成部分。它为企业设定了长期的发展目标，并指导企业在各个经营环节中保持一致性。企业在制定战略时，必须充分考虑品牌定位的导向作用，确保各项经营活动与品牌定位相一致。

例如华为公司从通信设备提供商向全球领先的ICT（信息与通信技术）解决方案供应商转型的过程中，正是依靠清晰的品牌定位作为战略调整的核心。华为公司始终坚持"创新、可靠、高效"的品牌定位，不断加大研发投入，拓展全球市场，提升服务质量。这种战略调整不仅使华为公司在技术上保持领先地位，更使其在全球范围内树立了卓越的品牌形象。

在产品同质化现象日益严重的市场中，品牌定位对于提升产品附加值及利润空间具有重要意义。品牌不仅仅是一个商标或标识，更是一种情感的载体。成功的品牌定位能够通过附加文化、情感等非物质价值，为产品赋予更高的消费者感知价值。这种感知价值往往超越了产品本身的功能价值，成为消费者愿意为之付出更多溢价的重要因素。

例如，奢侈品牌路易威登（LV）正是凭借其"高贵、独特和稀缺"的品牌定位获得了高昂的产品溢价。LV不仅是一个高品质的皮具品牌，更代表着一种奢华的生活态度和尊贵的身份象征。这种独特的品牌定位使LV在市场中占据了不可替代的位置，并为消费者提供了超越产品本身的附加价值。

品牌定位作为驱动企业发展的重要战略引擎，在市场差异化、消费者认知、企业战略制定及提高产品附加值等方面发挥着重要作用。随着数字化和个性化趋势的深入发展，品牌定位将面临更多挑战和机遇。

因此，企业应不断创新和调整品牌定位策略，以适应市场的变化和满足消费者的需求。只有将品牌定位视为一项核心战略并持续优化和创新的企业才能在激烈的市场竞争中脱颖而出并实现可持续发展。

8.2 品牌定位方法

8.2.1 品牌定位洞察

在品牌定位之前，需要打牢品牌定位的基础工作，可做好 4 个洞察，即自我洞察、竞争对手洞察、消费者洞察和市场洞察，如图 8-1 所示。

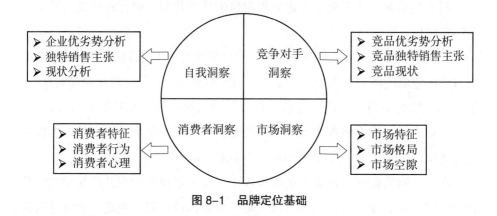

图 8-1　品牌定位基础

1. 自我洞察

首先洞察自我是否具有别人无法模仿或者超越的特点、文化、典故、历史、工艺、技术等。比如茅台的定位"国酒"，这是特定历史条件下的产物，也是尊荣的茅台所独享的，别的公司是无法模仿和超越的，因此，它就成了茅台最具差异化的个性化定位。

初创的新品牌，如果无法做到像茅台那样，可以从文化、工艺、历史下手观察。

2. 竞争对手洞察

做一个品牌，要找到 3 ～ 5 个参照品牌。要学会巧妙地与行业或品类中的领导品牌建立联系，站在巨人的肩膀上，从而快速地提高自己在消费者心目中的知名度和美誉度。

比如，瑞幸咖啡在创立之初，参照星巴克，形成了鲜明的对比，在品牌传播中巧妙利用对比差异化，利用媒体公关手段建立用户认知，让用户想到咖啡，除了星巴克，就是瑞幸。

当年的蒙牛，在初创时，别人都不知道蒙牛为何物，它提出了"创内蒙古乳业第二品牌"的口号，巧妙地把自己跟在了伊利的后面。

3. 消费者洞察

从消费者角度出发的定位是根据消费者的消费特征、心理习惯、思维方式、价值取向等方面进行整体考量，然后"投其所好"做出的定位。

比如一些奢侈品的定位就充分利用了人们展示身份地位的心理，然后迎合他们的这种需求。

洞察消费者群体从购买行为入手，通过购买属性判断年龄与复购率。如果在品牌创立之初，还不确定消费者人群，那么可从竞品当中挖掘，看竞品的分析报告，找出差异化的价值点。

4. 市场洞察

每年投资公司都会出一些相关的行业分析报告、市场调查报告等。要从一个品类或者行业中找出市场的现状，可以看分析师做出的评估，然后根据发展情况、竞争格局、市场的特征等，找到市场机会点和品牌的切入拐点，选择品牌定位的点。

在一些市场比较成熟和竞争激烈的行业，新产品的介入需要寻找空隙市场，建立新的市场区隔。比如当年的 RIO 鸡尾酒、七喜、红牛，开创了新品类饮料市场。

如果不能开创新品类，就要找到这个品类中 3 ～ 5 个品牌，参考它们对于市场的洞察，从而做到创新化，创建品类的个性、特征或功能。比如从茶叶到茶饮料，本质也是一种创新。

品牌定位的方式有很多种，目前市场主流运用方式有产品特点定位、竞争考量定位、目标市场定位、消费情感定位 4 种。

这 4 种方式分别对应产品的导入期、成长期、成熟期和衰退期，如图 8-2 所示。

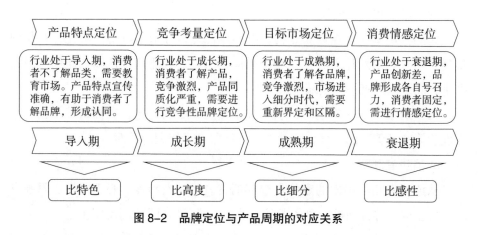

图 8-2　品牌定位与产品周期的对应关系

8.2.2　基于产品特点的品牌定位

产品发展处于初期阶段时可以使用产品特点定位法，从产品角度出发，进行品牌定位，利用产品本身具有的优势和特点，打造品牌产品特征形象。

比如认养一头牛品牌，产品初期原型的特色关键词是"自有牛牧场"——康宏牧场，拥有 11000 头荷斯坦奶牛。

按照产品特点，有 3 种最为常用的品牌定位方法：功能点定位、USP 定位、形状定位。

1. 功能点定位

功能点定位就是根据产品所能满足的需求或者提供的功能，解决问题的程度来定位。在进行定位的时候，向顾客传达单一的功能利益还是多重利益，并没有绝对的定论。

但是由于消费者能记住的信息是有限的，往往只对某一项单一功能利益强调诉求，容易产生较深的印象。因此，向用户承诺一个利益点的单一诉求更能突出品牌的个性，获得成功的定位。

比如，洗发水领域中有去头皮屑用海飞丝、头发健康光泽用潘婷的印象。这些品牌的功能利益点就是去头屑和使头发健康光泽。

2. USP 定位

USP 定位策略的内容是在对产品和目标消费者进行研究的基础上，寻找产品特点中最符合消费者需要而竞争对手所不具备的且最为独特的部分内容。

USP 是"独特的价值主张"，强调某一个方面的价值，定位模型主要包含 4 个方面。

第一，强调产品的具体特殊功效和利益，即每个广告都要对消费者提出一个说辞，给消费者明确承诺和价值。

第二，这个特殊性是竞争对手无法提出的，具有独特性，是其他同类竞争产品不具有或者没有宣传过的说辞。

第三，有强劲的销售力，能够影响大量的用户甚至公众。

第四，USP 的创造力在于揭示一个产品的精髓，并通过强有力的、有说服力的价值主张证实其独特性，使之势不可当。

比如，感冒就吃"白加黑"；好的食用油，高温也不会冒烟。这些都是品类中不可替代的。

3. 形状定位

形状定位是指根据产品的形式，状态定位，这一形状可以是产品的全部，也可以是产品的一个部分。

在产品的内在特性越来越相同的今天，产品的形状本身就可形成一种市场优势，有的时候也可以加深与用户之间的情感联结。

比如，"白加黑"感冒药将药片的颜色分为白、黑两种形式，并以该外在形式为基础改革了传统感冒药的服用方式。

这两种全新形式本身就是该产品的一种创新，同时将其命名为"白加黑"，这一名称本身就表达了品牌的形式特点及诉求点。

8.2.3 基于竞争的品牌定位

竞争考量的定位法指从竞争对手出发，根据市场竞争情况，进行竞争性定位，拉开或者拉近与竞争对手的距离。

这种定位方法的本质是拉近两者的关系，让品牌快速导入市场，卡位夺取部分用户的心智。

竞争考量定位也适用于成长期的行业，消费者对于产品有较深了解，竞争越来越激烈，导致产品的同质化，因此需要进行竞争性品牌定位。

比如在 2017 年，社群电商崛起的时候，这个行业处于红利阶段。部分消费者已经对平台有清晰的认知。这个时段各种不同的平台出现了，但是商业模式基本相同，那么此时做一个平台型品牌，就需要找到属于自己的消费群体，差异化定位人群。

按照竞争考量维度，有 3 种最为常用的品牌定位方法，即首席定位、比附定位、对比定位。

1. 首席定位

首席定位是在同行或者同品类中强调自己是第一，或在某个方面最独特的特性。例如很多企业在广告传播中宣传使用遥遥领先等口号，就是用的首席定位方法。

2. 比附定位

比附定位就是攀比名牌、比拟名牌来给自己的产品定位，以沾知名的名牌之光。通常是通过与竞争品牌的比较确定自身市场地位的一种定位策略。其本质是一种借势或者反应式定位。

在比附定位中，参照对象的选择是一个重要的问题，一般都是与知名度、美誉度高的品牌来比较，才能借势抬高自己的身价。比如某品牌咖啡，在初期巧妙地运用公关手段，加上明星代言，抬高了自己的段位。

3. 对比定位

对比定位指通过与竞争对手的客观比较来确定自己的定位。在该定位中，品牌初创时期设法改变竞争者在消费者心目中的现有形象，找出其缺点或者弱点，并用自己的品牌进行对比，从而确定自己的地位。

8.2.4　基于用户的品牌定位

用户定位指当已经找到自己的用户群体，在市场有一定的销量时，可以从市场出发，对品牌进行重塑或者再次定位，利用空隙市场或细分市场的优势，准确地进行市场区隔。找到与竞争对手的差异化，利用公关、整合营销、广告等方式，开拓属于自己的用户群体与市场。

目标市场定位，也可以用于成熟期的行业，比如快消品，消费者对于各个品牌以及产品已非常了解，竞争导致市场的同质化日益严重，市场进入细分化的时代，需要重新界定和区隔。

例如 21 世纪初，快消品日益饱和，我们去超市可以看到展架上摆放很多的洗发水。那么如何快速让用户在洗发水这个品类中找到适合自己的呢？就需要重塑心智，做新品，将新品的定位和传统的市场进行区隔。宝洁公司创新推出去屑的海飞丝、柔顺的沙宣等功能性新产品，抢占新的细分市场。

按照目标市场划分，有 3 种最为常用的品牌定位方法：消费群体定位、市场空隙定位、产品品类定位。

1. 消费群体定位

消费群体定位法是直接面对自己的消费群体为诉求对象，突出产品为该消费群体服务，来获得目标消费群的认同。

把品牌和消费者结合起来，有利于增进消费者的归属感，使其产生"我自己的品牌"的感觉。比如经典的哈药护彤定位"儿童感冒药"，百事可乐定位"青年一代的可乐"等都是对消费群体定位策略的应用。

2. 市场空隙定位

市场空隙定位指企业寻求市场上尚未被重视或未被竞争对手控制的位置，使自己推出的产品适应这一潜在目标市场的需要。

如果企业对以下 3 个问题有足够的把握，则可在这个市场空隙进行填空补缺，核心关键是创造或者开拓一个极好的市场空白地带，市场空隙定位才能获得极大的成功。其一，新产品在技术上可行；其二，按照计划价格水平，经济上是可行的；其三，有足够大的市场规模的消费者。

3. 产品品类定位

产品品类定位是与某些知名而又属司空见惯类型的产品做出明显的区别，给自己的产品定为与之不同的另类，这种定位也可以称之为与竞争者划定界限的定位。

比如七喜汽水，宣传称其是非可乐型饮料，还能代替可口可乐和百事可乐消暑解渴，突出了两个产品的区别。

8.2.5 基于情感的品牌定位

情感定位指的是运用产品直接或者间接地冲击消费者的情感体验而进行的定位，用恰当的情感唤起消费者内心深处的认同和共鸣感，适用和改变消费者的心理。

情感定位适用于行业处于衰退期，此时产品创新越来越少，市场成熟度越来越高，品牌之间已经形成了各自的号召力，每个品牌的消费者都比较固定，这个时候做一个新品牌，就需要考虑情感营销。

按照消费情感维度，有 3 种最为常用的品牌定位方法：档次定位、性价比定位、文化定位。

1. 档次定位

按照品牌在消费者心中的价值高低，可将品牌分为不同的档次，如高档、中档和低档，不同档次的品牌带给消费者不同的心理感受和情感体验。

2. 性价比定位

性价比定位是指对照质量和价格来定位。质量和价格通常是消费者最关注的要素，而且往往是相互结合起来综合考虑的。

但不同的消费者侧重点不同，如果定位的目标市场是中等收入的理智型购买者，则可定位为"物有所值"的产品；如果目标客户群定位的是高收入人群，则可定位为"高质高价"；如果目标客户群定位是低收入人群，则可定位为"物美价廉"。

3. 文化定位

将文化融入品牌，形成文化上的品牌差异，这种文化定位不仅可以大大提升品牌的调性，而且可以使品牌形象更加独具特色。

比如金六福酒定位福文化，与老百姓的心理相呼应，使金六福品牌迅速崛起。

文化可以借力于产品产地、创始人背景、原材料、工艺制作等，多维度考究选择。

8.3　品牌定位策略

品牌定位策略是聚焦找到自己的核心用户群体，更容易让初创品牌得以塑造，找到未来 1 ～ 2 年的战略发展方向。具体定位策略有以下几种。

8.3.1　心理迎合策略

心理迎合策略的目的是使品牌的心理定位与相应的产品功能，与用户利益相匹配。消费者的认同和共鸣是产品销售的关键，定位需要掌握消费者的心理，把握消费者购买动机，激发消费者的情感。

成功的定位一般简单明了，抓住要点，不需要说出产品的全部优点，但一定要说出产品的差异化优点。

再者，定位必须是消费者能切身感受到的，而不是"自嗨"，如不能让消费者作为评定品质的标准，定位就失去了核心意义。

事实上，消费者认知和选购某个品牌的产品时，可能出于理性，也可能出于感觉（比如味道、听觉），还可能因为感情的共鸣。

对于不同的产品，可以根据目标市场与企业资源的不同，审视该市场消费者的消费心理，采用不同的定位。

8.3.2　品牌定位与产品相匹配

此方法优点为使品牌定位和公司优势相结合。初创型公司一般从产品特性入手。

首先，品牌定位受到产品功能、有用性、特点等因素的限制。如果市场范围很大，可以品牌的不同定位满足不同消费者的不同需求。如在白酒市场上，既有茅台，又有普通百姓喜爱的二锅头。

但也有些产品使用的局限性较大，例如家庭洗碗用的百洁布，无论如何都难以使它与高档结缘。

有些产品本身的用途决定了无论如何宣传都难以使品牌标定下的产品成为"高档"产品。因此，品牌定位必须考虑产品本身的特点，突出产品特质，使之与消费者需求相匹配。

8.3.3　创造品牌的差异

此策略优点为可以提炼个性。不少产品已经进入同质化时代，产品内在差异很难找到，怎么办？最简单的方式是迎合消费者，找出与竞争品牌差异化的价值点。

总之，要善于分析竞争者定位信息，寻求差异点，提炼出个性。

8.3.4　凝练品牌定位概念

此策略优点为建立品牌形象。品牌定位理念是品牌定位的灵魂，它是公司通过品牌定位活动力图传达给消费者的一种概念。

品牌定位理念借助质量定位、功能定位、包装定位、渠道定位、价格定位、广告定位等几个方面得以实现，消费者也是从以上信息来了解和接受一个新品牌的定位理念的。

一般来说，品牌定位理念是附带在一定的品牌定位方式之上的，而品牌定位方式则通过质量、功能、公关、广告等多方面表现出来。

另外还需强调，品牌定位理念形成后，如果得到市场认可，尽量不要对定位随意调整。

8.4　品牌内容定位

内容定位就是通过做减法来寻找差异化方向，用内容来打造一个清晰明确的品牌人设标签。

简单来讲，就是让我们给自己划定内容的边界。什么能写？什么不能写？能写的内容要怎样去写？用怎样的形式与逻辑？不能写的内容为什么不能去写？是否与用户定位和渠道要求不符？怎样才能把它转化成能写的，然后进行整合？

确定好内容边界后，还需要给内容打上某种风格化的标签，让客户一看到或接触到类似的事物与信息就能联想到你的内容与产品，这称为品牌调性。

一旦这个风格调性被成功树立起来，就可以在客户心目中牢牢占据一个位置，进而大大降低品牌建立客户认知的成本。

8.4.1　九宫格定位

怎么来确认内容的定位呢？

每个平台都有属于自己的风格体系，同样是视频平台，抖音的内容偏向于泛娱乐化，B 站更复杂一些，但相对抖音专业性则更强。所以，需要根据传播载体做出不同的风格和主题内容定位。

通过九宫格工具，可以按这个思路去优化一版更适合自己使用的版本，如表 8-1 所示。

表 8-1　九宫格工具

品牌人设 （招牌动作、标签、风格）	质量 / 价格 （对标）	市场地位 （荣誉、社会角色）
品牌优势 （专业角度、差异化）	内容定位	价格 （提供、解决、分享什么）
目标人群 （性别、年龄、人群共性）	应用场景 （具体、细节、生活化、感性）	渠道细分 （渠道平台）

思路一：多点连线组合。

内容定位就是在寻找差异化，这个思路非常适用于竞争激烈的领域。

首先，将九宫格各维度的内容用关键词罗列出来，每个维度尽可能多列一些关键词，这样会有更多的组合可能。

接着任意选择 3 ~ 5 个点将关键词进行连线组合，找到一个新的维度进行占位，这样在细分市场定位的同时，也能将头部竞品重新定位，如表 8-2

所示。

表 8-2　品牌内容定位范例

创新	高端	行业 Top5
技术创新性	内容定位	运控整体解决方案
工程师	设备调试	长图形式

从表 8-2 中选择关键词可以得到组合，如"创新 + 工程师 + 设备调试 + 长图形式"。

思路二：品类蓝海。

多点连线的思路适用于竞争激烈的产品领域。先发制人的思路则是要我们找到空白领域，也就是寻找未被定义的品类市场，抢先抢占用户心智资源。

比如，在双碳大背景下，智能制造与低碳结合则是一个新的内容定位方向。

8.4.2　构建品牌内容定位模型

品牌内容定位是品牌战略的核心环节，目的是通过精准的内容传递品牌价值，建立与目标受众的深度连接。

1. 品牌内容定位模型

该模型通过两个关键维度构建坐标系，将品牌内容策略可视化，帮助决策者明确核心发力方向，并避免内容发散。

品牌内容定位模型如图 8-3 所示。

（1）横轴为"理性价值—感性价值"。

理性价值是指强调产品功能、技术参数、性价比等可量化利益点，如某电池充电半小时续航 12 小时。

感性价值是指传递情感共鸣、文化符号、身份认同等无形价值，如"成就你的非凡人生"广告语。

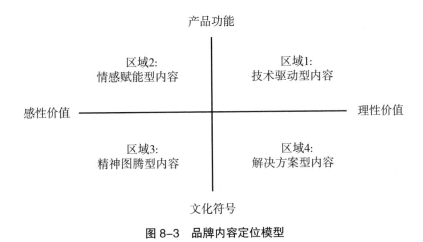

图 8-3　品牌内容定位模型

（2）纵轴为"产品功能—文化符号"。

产品功能是指围绕产品使用场景、解决方案展开的内容，如"如何用扫地机器人解放双手"。

文化符号是指将品牌升维为某种价值观或生活方式的代表，如耐克品牌"Just Do It"广告语代表的运动精神。

2. 品牌内容定位模型详解

品牌内容定位模型的 4 区域分布由不同的因素决定，其品牌内容定位的内涵也不同。

（1）区域 1 是由理性价值、产品功能决定的，属于技术驱动型内容。

该区域的品牌内容定位特征是聚焦产品技术优势，用数据、实验、对比测评等内容强化功能可信度。

适用场景为高决策成本品类，如家电、医疗器械、技术颠覆性创新阶段。

例如，戴森的品牌内容定位锚点是通过高速摄像机拍摄气流运动、工程师拆解马达结构等硬核内容，强化"黑科技"标签。品牌内容宣传活动重点为发布《戴森数码马达十年进化史》纪录片，展示技术迭代细节；在社交媒体发起戴森与传统吸尘器吸力对比挑战赛，并用 3D 动画拆解气流专利技术，通过品牌内容宣传活动形成技术优势成为品牌代名词。

（2）区域 2 是由感性价值、产品功能决定的，属于情感赋能型内容。

该区域的品牌内容定位特征是在产品使用场景中注入情感叙事，让功能体验承载情绪价值。

适用场景为快消品、美妆、母婴等高频低介入度品类。

例如，奥利奥的品牌内容定位是将饼干食用动作（扭一扭，舔一舔，泡一泡）转化为亲子互动仪式。典型的品牌宣传动作是发起"奥利奥亲子游戏创意大赛"，赋予饼干"分享爱与童真"的意义。

（3）区域3是由感性价值、文化符号决定的，属于精神图腾型内容。

该区域的品牌内容定位特征是将品牌打造为某种价值观的象征，内容高度抽象化、符号化。

适用场景为奢侈品、潮牌、高端生活方式品牌。

例如，某户外服饰品牌的内容定位为以"地球税"为概念，以1%的销售额捐赠环保组织为核心，构建"环保激进主义"品牌设定，并在自己的官网设置行动中心，引导用户参与本地环保活动。

（4）区域4是由理性价值、文化符号决定的，属于解决方案型内容。

该区域的品牌内容定位特征是将产品功能升维为系统性解决方案，塑造行业权威形象。

适用于企业型客户、专业服务领域，如管理软件、教育培训。

例如，某企业的客户关系管理软件产品，其品牌内容定位为以"客户成功科学"为核心，将客户关系管理的工具包装成企业增长引擎。

品牌内容定位模型能够明确品牌的核心价值和差异化特点，帮助企业在消费者心中树立独特的品牌形象，从而吸引目标受众的注意力。

第9章

品牌设定

品牌形象可分为硬形象和软形象。硬形象是我们能看到的 Logo、风格形象，包括各类广告图片、展示、口号、形象代言等。软形象是企业文化愿景、品牌理念之类，是企业的灵魂所在。但是在消费者的生活中，能看到的往往是硬形象，而作为品牌核心的软形象，却没有很好地传达给消费者，普遍现象就是消费者知道这企业做什么，卖什么，但不知道企业做这些产品的背后原因。这里主要讨论品牌软形象部分。

品牌的气质、风格和情感等内在元素是品牌软形象的重要组成部分。这些元素通过品牌的传播和消费者体验来传达，使消费者对品牌产生情感共鸣。例如，奢侈品牌往往传达高贵、优雅的气质，而运动品牌则传达活力、动感的气息。

品牌形象是品牌资产中最重要的组成部分，它构成了品牌认知、品牌联想和美誉度，并且极大地影响品牌知名度和忠诚度。

可以说品牌形象是品牌建设的中心，那该如何打造真正的品牌形象呢？如何将品牌形象的作用落到实处呢？

9.1.1 打造品牌形象的途径

1. 品牌形象原生于用户真实生活

产品与品牌的最大区别，在于产品是存在于货架上的，而品牌长存于消费者心智之中。消费者掌握的关于产品的知识，对产品产生的综合性联想、认知和记忆，与企业建立的关系最终构成了品牌。所以说，品牌形象不是由企业设定的，而是由用户决定的。

品牌形象是消费者对品牌的认知和感受。过去人们会将这种认知宣之于口，会跟亲朋好友谈论某个品牌。这就形成了品牌知名度、美誉度、口碑等指标。所以说，最好的品牌是口口相传。

现在，人们有了网络和手机，有了各种社交平台和自媒体。今天的消费者会在各大平台上面搜索品牌、评价品牌，并且主动发布与品牌相关的内容。

这些海量的用户声音是最真实的品牌存在，构成了主品牌形象、品牌个性、品牌价值等指标的底层基础。

2. 品牌形象洞察体系

可将用户的发声数据拆分为提及量、联想度、美誉度、偏好度4个指标作为品牌形象洞察的指标体系。这4个指标是一个递进演化的逻辑。

首先，可以看到消费者有没有提及某品牌、搜索某品牌，并且可以跟行业内的其他品牌对比提及量的大小，这个指标就可以衡量品牌建设的知名度和声量如何。

其次，可以分析消费者在提及该品牌的内容之中，到底形成了什么样的认知和联想；用户评论中真实的品牌形象，与品牌传播推广中想要塑造的形象是否一致。这个指标能够为品牌营销的实施和优化提供方向。

再次，可以分析在消费者提及品牌的内容中，正向、负向、中性反馈各自的占比有多少，这样可以清楚本品牌在消费者中的好评程度，对品牌口碑的监控提供帮助。

最后，在正向和负向的反馈中，可以分析当消费者同时提到本品牌和竞品时，本品牌获得的正向反馈占比。以此评估本品牌被消费者所偏好的程度，在市场竞争中是否具备竞争优势，这个指标对于赢得购买帮助非常大。

3. 品牌形象落实于企业营销场景

品牌形象是品牌与消费者在生活中，通过某种事物、某些事件相互之间建立起的一种联系，是消费者对品牌的认知。品牌形象要能在企业真实的营销场景中落地，只有这样才能真正带来企业销售额的增长。

企业在经营过程中，需要根据不同的品牌生命周期和营销场景，找到最关键的品牌形象指标，然后再基于数据表现采用针对性的营销动作，从而移动形象指标。

比如在品牌初创期，针对新品牌打造，传播推广最需要的结果是消费者知道并记住，因此关键指标是"提及量"，以提及量为基础针对联想度和偏爱度做提升。

在品牌成长期，传播推广最需要的结果是品牌认知的持续深化和增长的达成，因此关键指标在于联想度的丰富，美誉度的持续提升。

在品牌成熟期，针对品牌重塑和品牌焕新等特定营销场景，品牌最需要的结果是重建消费者关系和消费者态度。

因此关键指标一方面在于建立全新的品牌联想，让用户对品牌产生认知，另一方面则要改变消费者美誉，提升偏好。同时，要确保品牌拥有更多的正向声量。

此外，利用数字化的新技术，如今落实品牌形象的方法发生了天翻地覆的变化。一方面是将品牌与数据、消费者的真实原声结合起来，挖掘最真实可感的品牌形象。另一方面，则是将品牌形象落实于企业具体的营销目标和结果达成之中，基于品牌形象洞察体系提供的更明确指引，让品牌形象建设真正解决企业经营问题。

9.1.2　打造品牌形象的流程

那么如何能在用户脑海中建立良好的、强有力的、独特的、值得信赖的品牌形象？如何确定一个品牌应该使用什么符号标志，使用什么品牌色，我们想要传递给用户什么？可以通过一套规范流程解决。

1. 确定目标用户

确定目标用户非常重要，因为不同的用户会拥有不同的品牌知识结构，具有不同的品牌感知和偏好。所以，需要定位品牌的目标客户群，挖掘他们的用户特征。

2. 竞争性参照框架

当决定以某类人群作为目标用户时，通常也决定了竞争的特性，因为其他公司也会将这类人群作为目标市场，竞品分析尤为重要。

在定义竞争时不要过于狭窄。通常竞争不仅会发生在属性层次，还会发生在利益层次，例如奢侈品不只会与家具之类的耐用品存在竞争，还可能与旅游产品竞争。

3. 核心品牌联想

核心品牌联想是能最好地描述刻画一个品牌所具有的联想的子集，包括属性和利益，大致可以理解为情感性描述和功能性描述。

运用此方法，绘制出某品牌的服务、想传递给用户的理念，并且结合用户对品类的感知，筛选核心品牌联想词汇，如图 9-1 所示。

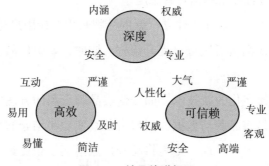

图 9-1　某品牌联想词

4. 品牌核心

品牌核心是一个品牌的灵魂，一般使用 3 ～ 5 个简短的词汇来概括品牌关键部分及其核心品牌思想，去描述品牌精神和品牌价值。

品牌核心可以划分为 3 类：情感修饰、描述性修饰、品牌功能。

例如，耐克品牌的情感修饰是真实，描述性修饰是运动，品牌功能是性能卓越；迪士尼品牌的情感修饰是有趣，描述性修饰是家庭，品牌功能是娱乐；麦当劳品牌的情感修饰是有趣，描述性修饰是家庭，品牌功能是食物。如表 9-1 所示。

表 9-1　品牌核心设计案例

品牌名称	情感修饰	描述性修饰	品牌功能
耐克	真实	运动	性能卓越

品牌名称	情感修饰	描述性修饰	品牌功能
迪士尼	有趣	家庭	娱乐
麦当劳	有趣	家庭	食物

5. 品牌元素

在得到了指向性的品牌定位后，就要开始选择品牌元素。主要的品牌元素包含品牌名称、Logo、口号、品牌色等，用于强化品牌认知，形成强有力的独特的品牌联想，或者形成正面的品牌判断和品牌感受。

在品牌元素的选择上，需要遵循以下几个原则。

第一，可记忆性。品牌元素有助于提高品牌认知，因为品牌元素本身具有可记忆、引起注意的特性，容易被回忆或识别出来。

第二，有意义性。品牌元素应该反映品牌的一些核心信息，或传递产品成分或用户种类的某些信息。

第三，可爱性。即使脱离了产品，品牌元素本身也可以形象丰富、具有乐趣。

一个易于记忆、富有记忆点、可爱的品牌元素能够很快建立起品牌认知。

一般来说，设计师仅得到一个品牌名称，是很难下手设计 Logo 的，这时就体现了前几个环节的重要。根据之前推导出的那么多描述性词汇，可以展开丰富的联想，并且可以找一些典型的用户，让他们给出关于这些词汇能联想到的图片，组成一个情绪板。从情绪板中可以提炼图形元素，排除设计师主观美学倾向后，选择适合品牌的色彩。

9.2　品牌内容设定

9.2.1　品牌内容设定误区

品牌内容设定非常重要，但市场上有很多品牌设定误区，具体表现为以下几点。

1. 不知道该怎么表达

有很多新品牌，擅长定战略、差异化，但再精准的理念，如果没有创意性地、内外统一地与用户进行持续沟通与表达，也只能停留在企业的高层会议里。

一些品牌只重视产品详情负与包装，而在产品、内容、体验等维度，不加以重视，不知道怎么把这套东西应用到不同的媒介上做表达，没有很好地和用户做全面的沟通。

2. 知道表达什么，但表达不一致，用户感受不到

一些品牌往往感觉品牌体系不统一，请的代言人好像也不太对味，不符合核心人群。当问他品牌想传递的是什么时，他的回答是快乐。

理念没问题，问题在于对"快乐"没有进行设定，直接就进行了内容创作和表达，非常容易跑偏。

你品牌的快乐和其他品牌的快乐有何不同？是在什么场景下的什么样的快乐？是含蓄微笑的开心，还是带有运动、阳光属性更爽快的开怀大笑呢？

越是一些需要解读的概念，越需要清晰的设定，如果团队不理解、思想不统一，在进行各项工作时候，输出的结果就会有偏差，即使品牌负责人再进行管理，也很难保持一致，用户的感受自然不清晰。

3. 团队内部各部门的目的和立场不同

产品、品牌、销售各方意见难以统一，各有立场想法，今天他想做一个这样的产品，明天她觉得必须开发那样的，内部资源难以协调。

大家也许都没错，只是没有一起把品牌的各种板块工作设定好。

品牌设定是品牌各个板块如何配合的准绳。内部明了，才会形成合力，最后用户的体验和感受才会好。

9.2.2　品牌内容设定的内容

品牌内容设定包含哪些内容呢？通常包括以下八方面。

一是人设：什么人设？可能有哪几种人设？需要通过哪些做法凸显人设？

二是产品：销量、品牌、内容、专业、核心产品等，在当下阶段孰轻孰重？如何调配？

三是语言：希望长期让用户感受到的形象是什么？什么样的话不可说？

四是视觉：希望长期让用户感受到的形象是什么？近期是稳固还是焕新？

五是空间：什么样的空间语言和识别特征符合品牌定位？效率为先还是体验为先？

六是体验：给人以何种感受？温暖、欢快还是冷静？提升哪部分体验？

七是行动：做哪些活动？与用户发生何种关系？造成何种感受？

八是内容：什么样的内容适合品牌传播？追不追热点？

9.3　品牌文化设定

品牌文化设定是指通过将产品打造为某种差异化文化的象征，来吸引同类文化的喜好者，进而占据差异化市场。文化设定的实质是打造差异文化。

9.3.1　人类天生有以文化区分的倾向

人类有爱对比和爱区别于他人的天性。对于富人和穷人来说，拥有独特的品位是富人区别于穷人的特点；对于有文化和没文化的人来说，精通高雅的知识和技术是文化人区别于没文化人的标准。

品位就代表着一种文化。这使得很多人把钱花费在并非属于自己阶层的产品上，以此来跟上高端人士的节奏。

保罗·福塞尔在 20 世纪 80 年代出版的《格调》一书中，探讨了各个阶层的消费和生活习惯。"底层的人们相信，等级是以一个人拥有财富的多少作为标准的；中层的人们承认金钱与等级差别有关，但一个人所受的教育和从事的工作类型同样重要；而上层的人们认为品位、价值观、生活格调和行为方式是判断等级身份的标准，而对金钱、职业或受教育程度则不加考虑。"对可口可乐、百威啤酒、耐克和杰克·丹尼尔这样的品牌来说，消费者重视它们的品牌故事主要是因为它们的身份价值。作为自我表达的载体，这些品牌身上满是消费者认为对构建其身份有价值的故事。消费者对那些能体现他们所推崇的理念的品牌趋之若鹜，这些品牌帮助他们表达他们想要成为的人。

"文化设定的关键不仅在于赋予某个产品特别的文化，还在于这种文化能够形成一种圈层，一种让圈外人向往的圈层。"

9.3.2　文化设定的独特圈层

消费者具有从众心理，大多数人都在自觉或不自觉地寻找进入他们所希望加入的圈层的方法，这些圈层的品位往往是趋同的，他们能够接受的品牌也有限，如果某人的品牌喜好与其他大部分人的喜好不同，那他很快就会被逐出这个圈层。

我们总是希望走一条捷径进入一个圈层。这个捷径正是拥有某种文化象征的品牌，一旦你拥有了这些品牌的产品，那么你就获得了进入圈层的钥匙。

比如你参加一个聚会，发现别人拿的都是 A 品牌的包包时，你一定想将手里的 B 品牌的包包藏在角落里；当别人都戴着几十万元的腕表时，你一定把衣服的袖口使劲往下拉以便遮住你的廉价手表。在这种情况下，你会感到不安，也会感到自己的失败。

相反，当你穿着与聚会上闪耀四方的人同品牌的衣服，戴着和他同品牌的手表时，你则会很轻松地走到他跟前与他聊天，并融入他的圈子。

鲍德里亚说："消费的差别，不在于产品使用价值的差别，而在于产品符号的差别；对于高档奢侈品，人们从来不消费产品的使用价值本身，而总是把产品当作能够突出你的符号，或用来让你加入理想的团体，或作为一个地位更高的团体，来摆脱地位更低的团体。"

如果品牌形成了某种文化，就创造了一个让消费者认同自己是这个群体中一员的机会。

特斯拉是汽车中的新品牌，相比那些上百年历史的汽车品牌，特斯拉的历史已有 20 余年。但它却很快成为汽车品牌中的领头羊，登上第一汽车市值的宝座。

特斯拉的成功除了产品上的优势，更重要的是其一开始定位于纯电动新能源汽车，开辟了一个新市场，并吸引了一大批拥有"科技""环保"标签的人，它打造了一种品牌文化：新潮的、酷的、极简的和环保的。

这样的文化最初吸引大批财富新贵成为它的客户，包括金融、科技圈的高管，好莱坞爱环保的知名演员等。

9.4 品牌故事打造

品牌故事是一个品牌的 DNA，是做内容营销最好的原料，也是品牌在资源有限的情况下做内容营销最有可能打好的牌。

9.4.1 品牌故事可视化

品牌故事的可视化需要将抽象的品牌理念、情感与价值观转化为具象的视觉体验，通过产品、内容和用户触点传递品牌内核。下面围绕产品开发设计、内容呈现、消费者体验 3 个维度展开品牌故事可视化的具体策略。

1. 产品开发设计：将故事融入产品基因

（1）设计语言与品牌叙事绑定。

在产品的造型、人机交互、配色中融入品牌起源故事，如自然元素、文化符号、创始人经历等。例如某护肤品包装设计灵感源自药剂师古籍，传递"科学 + 自然"的品牌哲学。

（2）符号化设计元素。

创造具有故事性的标志性元素，如商标的动态演变，让用户自发挖掘品牌背后的叙事。

（3）可持续叙事。

通过可视化数据，如碳足迹追踪地图、环保材料对比图表，将环保理念转化为用户可感知的设计。

2. 内容呈现：多媒介打造沉浸式叙事

（1）动态视觉载体。

过程透明化：通过动画建模或动态视频展示产品，传递"匠心"价值，例如咖啡豆产地纪录片展示从工艺细节到成品的全流程。

微电影：用电影级画面传递品牌精神，如《人类大脑》短片将科学与时尚结合。

动态海报：将品牌历史、核心数据转化为交互式动画。

虚拟角色符号化：创造品牌吉祥物或虚拟偶像，通过人格化形象持续输出故事。

（2）社交媒体场景化传播。

发起用户生成内容挑战，让消费者成为故事传播者。

（3）视觉一致性体系。

建立品牌专属的色彩库，如蒂芙尼蓝；字体系统，如可口可乐手写体；图形模板，如某公司的红白方块。确保所有视觉内容传递统一的故事调性。

3. 消费者体验：从触点感知到情感共鸣

（1）沉浸式空间设计。

通过空间装置艺术还原品牌故事场景，如观夏品牌用"枯山水"的东方庭院传达东方美学。

（2）交互式体验设计。

通过技术让用户"体验"产品背后的故事，如AR（增强现实）试穿，即利用增强现实技术，将数字化的服装、鞋子或配饰模型叠加到用户的实时图像或视频中，用户可以通过屏幕看到自己"穿上"这些虚拟商品的效果。

（3）数据驱动的个性化体验。

通过用户行为数据生成专属视觉报告，如耐克跑步App生成个人运动故事海报，让消费者感知品牌与其生活的关联性。

品牌故事可视化不再停留于文字，而是转化为用户可感知、可参与、可传播的立体体验，最终实现"产品即媒介，体验即内容"。

案例分享

1. 花西子

花西子的产品基因和价值观是"东方彩妆，以花养妆"，但品牌并没有停留于这个口号，而是以东方美学作为品牌故事内核，将东方美学的概念解构，具象化在产品（名称、设计、包装）、渠道（淘宝店铺）、营销（品牌视觉、广告风格、代言人）等消费者接触品牌的每一个环节，从百鸟朝凤到蚕丝蜜粉、从东方妆查到苗族印象的产品研发都是如此。

通过内容营销，将"东方彩妆，以花养妆"的品牌理念可视化，小到一款口红的颜色、文案、命名都和品牌故事高度统一，并最终将"国潮彩妆"故事概念和花西子建立强关联，在竞争红海的彩妆市场里走出一条差异化之路，打出了自己的品牌竞争力。

2. 护肤品牌 PMPM

PMPM 来自法语，意为"去往世界，探索世界"。

创始人将自己曾经旅行过的国家马达加斯加作为第一个系列产品研发主题，并从产品研发设计（原料、名称）、内容（视频广告、产品包装、店铺页面）、使用体验上，全面融入马达加斯加元素，让消费者在使用产品的同时，也能"探索世界"。

同时在开发法国主题、保加利亚主题时，PMPM 也是如此。每个产品系列都可以成为一个单独的、完整的故事，让消费者通过产品接触不同世界的风情，充分体现品牌的核心价值"探索世界"。例如快递箱设计成旅行箱模样并贴有与主题国相关的冰箱贴，如图 9-2 所示。

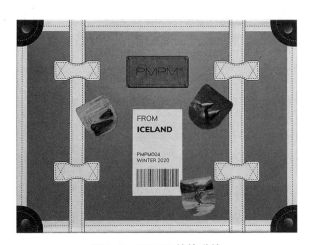

图 9-2　PMPM 的快递箱

品牌构建、增长渠道搭建、内容营销是层层递进的关系。

9.4.2 品牌故事的重要性

什么是品牌故事？为什么很重要？

因为用户喜欢故事，所以品牌需要故事；因为用户相信故事，所以选择了相信品牌。可以说，品牌故事就是品牌与用户之间产生交集的重要媒介，用户因为品牌故事认识、熟知从而选择品牌，并在抉择中摒弃其他品牌。

品牌故事的重要性可以从两个方面理解。

1. 价值与情感共鸣

故事不光能吸引用户，更能实现目标。好的品牌故事，不仅能触动人心产生情感联结，还能融入品牌价值观，与用户的价值观产生共鸣。

价值与情感产生共鸣之后，用户就会对品牌产生信任。

2. 区别竞争对手

每一个赛道都竞争激烈，企业如果卷不了更新的技术，只能卷营销、卷价格、卷服务，但还有一条捷径，那就是品牌故事。好的品牌故事，可以区别于同类其他品牌，打出差异化，从而获得客户选择。

用户在选择的时候，会越过产品细节、舆论，直接选择相信的品牌产品。如果没有品牌故事，品牌照样可以通过产品、营销、服务来实现品牌增长，但有了品牌故事就会不一样。

9.4.3 品牌故事打造

1. 与用户共鸣

听起来很简单，与用户价值和情感一致，似乎就能共鸣了，但并非如此。一个品牌故事，需要了解品牌自身的定位、用户画像、市场，可能还需要结合历史、传统文化背景等特点。最重要的是，品牌故事需要一个核心，可能是情感核心，也可能是价值观核心，再以别样的表述方式来打动用户。

2. 连贯一致

第一个要点是内容连贯，就是确保故事的主题明确、逻辑清晰，有头有尾地讲完一个故事。第二个要点是故事传播的载体要一致。线上的、线下的，真实的，虚拟的，都可以，但是要保持连贯一致，不能一会儿线上一会儿线下。

3. 高效传播

新兴品牌的建立周期越来越短，谁先抢占高地，谁就能占据先机，传播效率也就成了关键。

那么，品牌故事高效传播都有哪些方式呢？可以从三个方面展开。

一是产品。产品的角度有两个，一个是包装，通过外观传达品牌故事和价值；另一个是周边，比如 T 恤、徽章、海报等，可以进一步加深品牌印象。

二是社媒和广告。这是最常见也是最有效的传播方式，社交媒体的发展也助力了品牌的发展，包括品牌故事的传播。将融入了品牌内核的故事，以宣传片、故事电影等形式，通过社交媒体和广告媒体进行矩阵式传播，是当下品牌的不二之选。

三是展厅。展厅也分线上线下，区别在于一个是实景，一个是虚拟，但最重要的共同点是都有互动。品牌需要互动，故事其实也需要。过去没有展厅或者不注重展厅，只能单方面传播品牌故事，让用户喜欢就行，但是现在不一样了。声光电技术的高度发展与结合，使得品牌与用户之间的互动变得更加紧密与频繁，也更加重要，对于品牌故事、价值传播，更是如此。

品牌故事不仅是品牌的灵魂，更是与用户之间建立情感联系的媒介。

第10章
品牌命名

品牌命名是一项绞尽脑汁的任务。名字是品牌的初次亮相，给了品牌讲故事、说情怀的好机会，是打造品牌辨识度的第一步。一个好名字的好处有以下几点。

1. 利于传播

好的品牌名，可以减少传播阻碍，使得品牌传播效率更高，不用强加式和洗脑式地霸占消费者时间，而不好的品牌名则需要花费大量的营销费用才能让用户记住。

2. 增强识别

在法律上，品牌名称用于区别竞争对手，引导消费者认牌消费、择牌消费；在市场上，消费者品牌反应的起点和最终的落脚点都是品牌，好的名字消费者第一眼就能更好记住。

3. 强化认知

一方面，好的品牌名就是给消费者记忆焦点；另一方面也对营销活动的行为和方式产生影响，品牌的战场就在心智战场，所谓心智战场就是诉求顾客的认知反应。

10.1　品牌命名方向

品牌的命名方向可以从产品、消费者、企业经营 3 个维度出发去思考。

10.1.1　从产品出发

有功能卖点和品类命名两个方向。

1. 功能卖点

在品牌名称中体现产品功能卖点，带给消费者的利益，点明它有什么样的功能价值，让人看到名字就能联想到产品功能，能体现产品核心卖点，比如汰渍、飘柔、立白、舒肤佳等。

2. 品类命名

直接借用品类命名，让人看到名字就知道是什么类型的产品，也更容易记忆和联想，比如滴滴出行、太二酸菜鱼。

10.1.2　从消费者出发

用户视角命名有情感价值、情绪体验、用户形象、消费场景 4 个方向。

1. 情感价值

品牌还代表着功能价值之外的情感价值，比如可口可乐代表快乐、喜茶代表灵感和惊喜的感受。

2. 情绪体验

用品牌名描述消费者使用产品时的感受和情绪状态，从而给消费者带来美好联想，创造品牌体验，比如自嗨锅、乐事、趣多多、必胜客、尖叫等。

3. 用户形象

在品牌名中描述典型消费者的形象和身份，比如健将、太太乐、老板电器、蒙牛的儿童牛奶品牌未来星。

4. 消费场景

用品牌名称表达产品的消费场景，直观地让消费者感知到这款产品适合什么时机和场合进行消费。

如某酸奶旗下有一个子品牌叫作"餐后一小时"，强调它是"以最佳饮用时间命名的功能性酸奶"，并告知消费者餐后一小时饮用，能最大限度保证益生菌活着到达肠道。

10.1.3　从企业经营出发

从企业经营视角起名，有企业理念和愿景、企业创始人、历史文化、品牌 IP 4 个方向。

1. 企业理念和愿景

品牌名承载了企业创始团队的品牌理念。如和睦家医疗，通过"和睦家"这三个字就能让用户感受到其医疗服务理念。

2. 企业创始人

有很多品牌的命名从创始人的名字中来。比如理想汽车的创始人叫李想，小鹏汽车的创始人叫何小鹏，大董烤鸭的创始人叫董振祥。

3. 历史文化

一些品牌名取自企业或产品历史上标志性的时间节点或地点。比如国窖1573，它源自明朝万历年间的1573年的国宝窖池，这段辉煌的历史赋予了品牌高端的风格。

4. 品牌IP

品牌名设计成一个人名，或者取自动植物，这种命名方式在后期品牌经营中便于打造IP、设计品牌Logo和虚拟形象吉祥物，对用户来说则是记忆符号。

比如金龙鱼、蓝月亮、三只松鼠、江小白、花西子等。像蓝月亮，将每年的中秋节视为品牌重要的营销节点，打造超级月亮这一品牌IP，提升了品牌热度和品牌形象。

10.2 品牌命名方法

品牌命名的流程与步骤，可利用"加、减、乘、除"4种方法。

10.2.1 精减信息

如果品牌要承载的信息太多，那么取名就难；限制条件越多，取名就越难。所以在取品牌名时，一定要先做减法，找到产品最本质的特征和最关键的信息，在品牌名中只强调某一个最简信息，把它放大100倍。

这就需要先把自己浸透在产品、企业之中，整理相关信息并进行简化，找出最大的差异点，以及打动消费者购买或者让消费者产生兴趣的根本所在。

比如小罐茶。这个名字就抓住了一个关键特征，茶叶用铝罐包装，充氮保鲜。当然小罐茶也有别的卖点，但是如果你要在品牌名中既体现小罐包装，又体现精选茶叶、大师制茶，那么还能使用小罐茶这个名字吗？

最后为什么选择小罐呢？因为这个特征最直观，一目了然，小罐不仅代表了便捷的产品体验，而且体现了品牌的精致与品位。

10.2.2　加法联想

不管品牌名称，还是广告语、广告片、内容故事，传递信息是基本功能。怎么传递好信息呢？关键是用最小的信息量，让人看完之后获得最丰富的感知。

优秀的文案就是用少量的客观信息来提供大量的主观信息。客观信息量是文案客观传递了多少信息量，主观信息量是消费者主观上接收到了多少信息量。

好名字也是如此，名字是极简的存在，一般只有两三个字，却要让人看完之后产生丰富的感受和联想。品牌名称要做加法，为产品的客观信息特征加上丰富的主观体验感知。

比如三只松鼠，看到这个名字，你不仅能感受到它是一个坚果品牌，而且能联想到松鼠在树林间蹦跳寻找坚果的情景，从而联想到品牌的天然、乐趣。好名字能给消费者创造画面感。

"只展示，别说明"被认为是品牌命名的制胜的黄金准则。展示是呈现一幅画面和场景，让读者看到角色的动作与对话，从而自行推理故事情节，感受角色的个性和内心情绪，而不是直接说明角色内心发生了什么。

品牌取名字也是这样，不要试图通过品牌名称直接去说明产品的好，而是要让消费者感受好产品。

为了增加消费者的联想，少用形容词，多用动词。比如淘宝，"淘"这个动作有丰富的联想；比如百词斩，背完一个单词就配有一个"斩"的音效，其 Logo 是一个"斩"字的形状，广告语是"斩断你与英语的多年恩怨"，整个品牌的命名、视觉、体验都围绕"斩"来设计，"斩"让背单词这件事充满了动力。

10.2.3　乘法跨界

在做完减法和加法后，如果再跨界一下，给名字来点特别的想象，会让人眼前一亮，这就是乘法。具体做法是暂时跳出产品本身固有的属性和卖点，从一个全然不同的领域切入思考起名。

比如苹果和小米，这两个名字本身与电脑、手机这种产品没有任何关联，但是把这两者组合在一起，就更加让人印象深刻。

10.2.4　除法规避

当你在取好品牌名之后，还要审视这个名称，规避风险，移除负面联想，摒弃干扰信息，这就是除法。

1. 不要用生僻字和难读字

好的品牌名应该易读易记，朗朗上口。不方便读出口、不方便拼写、不方便记忆的名字都应摒弃。

此外，从读音上来讲，由于我国拥有多种方言，同一汉字在不同方言中读音各异。所以在一个品牌名字中，最好不要同时出现带有这些读音的汉字。比如澳大利亚营养品牌 Swisse，中文名译作"斯维诗"。"斯"（sī）和"诗"（shī）同时出现，读起来就很别扭。

再如，北京冬奥会的吉祥物，雪容融就没有冰墩墩火。单从名字上来讲，"墩"这个字虽然不好写，却是北方常用口语，比如胖胖的男孩就被称为"胖墩儿"。墩加上叠字效果，更让人联想到憨态可掬、天真可爱；而雪容融这个名字，则缺少了这一优势。

2. 少用外文

近几年来，新消费品牌崛起，诞生了很多新品牌。有很多新品牌为了追求洋气、个性、新锐，品牌名使用外文，既不好读，也难拼，向他人推荐时还怕读错了闹笑话，这些名字完全是人为增加传播成本。

如果品牌一定要用外文名，强调国际化，那么最好是"外文＋中文"组合，或者用最简单的字母或单词。

3. 慎用谐音梗

谐音梗是取名最常用的手法之一，很容易想到，有时也能起到让人眼前一亮、会心一笑的效果。不过用谐音梗要注意，看它是否会增加传播成本。

4. 小心错误联想

当消费者看到你的品牌名时，品牌名应能准确地保证他联想到什么产品，提供什么价值，创造什么样的体验和感受，小心联想错误。

比如曾经大红大紫的餐饮品牌俏江南，很多人以为它是江浙菜，后来去吃才发现是川菜，这就属于错误联想。

5. 注意外文缩写的中文含义

如果品牌名中含有外文字母组合，那要注意外文字母在汉语拼音的语境下，可能会延伸出来新的含义。

比如标致雪铁龙集团曾在中国推出一个新世代豪华品牌 DS，还请了法国著名影星苏菲·玛索代言，诉求"前卫·巴黎"。虽然 DS 在法国荣耀加身，备受法国政要欢迎，被誉为"总统座驾"，但在中国却遭遇了滑铁卢。因为 DS 法文全称为 Déesse，在法语中是"女神"之意，但在中国发音听起来像"屌丝"，当然它的中文译名也不好，叫谛艾仕。

总之，做减法，抓极简特征；做加法，加主观感知；做乘法，玩跨界联想；做除法，消负面认知。

第三篇
品牌传播

高端品牌的营销不能只面向高端目标客户群，而是要面向大众，在社会层面形成影响力。

让品牌成为社会文化的一部分，形成群体所共享的某种仪式和传统，成为一种社会共识。

第11章
品牌传播策划

新品牌的成功不一定要高调,把品牌价值恰如其分、名实相符地传达给客户就够了。

11.1 新品牌传播

11.1.1 新品牌传播的任务

新品牌的传播要解决 3 个问题。

1. 需求问题:你的品牌属于哪个品类

谈到品牌,大多数人首先想到的是品牌差异点,但是在实施差异化策略之前,品牌通常还需要建立一个前提条件,即品牌需要具备品类共同点,让客户认识到你的品牌归属于什么品类,能够解决什么问题,满足什么样的诉求。

如果新品牌刚好属于一个新品类,或者提供的是高度创新的产品,那么向客户告知品牌能满足什么需求就更加重要。

例如,2020 年中国人均奶酪年消费量仅为 0.28 千克,而这一数据在一些国家则高达 3 千克。奶酪在中国是典型的新品类,大多数中国消费者对奶酪缺乏了解。因此,妙可蓝多奶酪产品在推向市场后,并没有强调品牌差异点,而是宣传奶酪在面包、煎蛋、喝粥、吃面等场景如何搭配食用,挖掘消费者的品类需求。

2. 价值问题:为什么选择你的品牌

品牌进入客户的备选范围后,下一步是要和其他品牌争夺客户的钱包。

这时，品牌差异点才会真正发挥作用。

例如在妙可蓝多把奶酪市场打开之后，伊利也大举进军奶酪市场。因为妙可蓝多对奶酪消费场景已经做过充分的宣传普及，所以伊利不用再强调品类需求场景，而是突出高营养，用"5倍牛奶钙""干酪含量≥51%"来凸显品牌差异点，从而抢夺妙可蓝多的市场份额。

一些品牌的传播经常无效，最常见的原因是没有告知客户为什么要选择你的品牌。新品牌往往喜欢自诩高端，然而大多数新品牌仅仅是用"高端"二字在广告中自夸，广告受众看到最后也不了解你的品牌到底比其他品牌高端在哪里。

高端品牌的高端不在于自夸，而是要用合理的阐述和依据证明产品的高端。例如某高端音响品牌使用金属和皮革生产产品，其材质和触感是行业内独一无二的，这种品牌差异点已经成功定义了高端音响，无须过多自夸。

还有一些专业品牌自称是"某品类开创者"或"品类专家"，然而其专业性和其他品牌相比有何差异，消费者根本没有感受到。

品牌差异点是让客户选择你的品牌而非其他品牌的理由，连品牌自己都没有理由说服自己的时候，品牌就会掉进自我升华式营销的陷阱。

3. 信任问题：凭什么相信你的品牌

在向客户讲明"为什么选择你的品牌"之后，品牌还需要拿出足够的证据来证明品牌的价值承诺是可信的。

如果不能解决客户的信任问题，那么即便是免费的产品，客户也会嫌弃，因为客户可能额外承担价值风险、经济风险、心理风险和时间风险。

价值风险：新产品功能没有达到客户的期望。比如电动车的续航能力能否支持长途通勤。

经济风险：新产品的价值与价格不相称。比如特斯拉的性能能否匹配高价格。

心理风险：新品牌的形象可能影响个人形象。比如购买日系车是否显得不够爱国。

时间风险：新产品的学习使用需要消耗时间。比如需要花费额外的时间来培养新的使用习惯。

为了解决品牌信任问题，可以采用以下方法。

（1）填补空白市场。

一个细分市场中没有强大的品牌，或者客户认知中尚未有首选品牌时，新品牌的差异点容易赢得客户信任。

（2）描述具体特征，而非空洞的宣告。

品牌的差异点或产品价值要使用 FFAB 模型（属性、功能、作用、好处），深度挖掘产品的深层次价值点。比如小米公司把配件拆解等电脑评估方式引入手机市场，让客户重新思考手机的评判标准，进而论证小米手机虽然是新品牌，但是其品质不次于大品牌。另外一个有效的方法是解读，通过产品相关领域的知识来论证产品的效果。

（3）展示品牌价值承诺的证据。

一切能够论证支持品牌价值的素材都能帮助新品牌建立信任。比如品牌历史、资质认证、行业奖项、专家证言、媒体证言、实验证明、权威供应商、经营数据（销量、市场份额、原料含量）等。

（4）鼓励客户免费试用。

免费试用是撬动客户信任最直接的方式，客户在试用后可以形成鲜明的体验，同时由于互惠心理，客户也更容易接受购买新品牌。

新品牌具有特殊性，不能盲目效仿大品牌的营销传播范式，只有了解品牌传播的基本逻辑，才能识别品牌发展的关键问题，才能找到因地制宜的品牌传播方法。

11.1.2　设计传播方案

品牌资产取决于消费者，通过各种各样的品牌传播营销方案固化品牌在消费者心目中的认知。

有 4 类要素至关重要：产品、价格、渠道、传播。

营销方案的重点在于如何从品牌化的视角设计营销活动，如何将品牌本身有效地融合到营销方案中，从而通过整合营销活动来增强品牌认知、改进品牌形象、提升品牌正面效应。

1. 产品

产品是品牌资产的核心。在产品的定位、设计、制造、销售、服务体验等方面，都必须建立强有力的、偏好的和独特的品牌联想，以树立正面的品牌形象，形成积极的品牌判断和感受。

产品策略就是把有形和无形的优点融入产品及相应的营销行动中。这些优点是符合消费者心意的，也是公司能够做到的。

质量感知、价值感知和差异点感知是特别重要的品牌联想，经常会影响消费者的购买决定。

2. 价格

价格可以左右消费者对品牌档次进行分类的行为，如低价低档、中价中档、高价高档。消费者常常根据品类中的价格阶梯来评价品牌。为了创建品牌资产，企业必须确定短期和长期的定价战略和调价策略。

从品牌资产的角度来说，消费者必须能从产品中获得利益，感觉到品牌的价格适合而且物有所值，并且和竞争产品相比，消费者能觉得在其他方面具有相对优势。

3. 渠道

渠道是公司将产品出售给消费者的途径。可供选择的渠道类型和组合多种多样，可以分为直接渠道，如自己开网店或线下实体店；间接渠道，例如找主播带货等。

现在很少有公司只单纯地使用一种渠道，更多的是选择多种渠道的组合。对每个可能的渠道选择进行评估至关重要，不仅要评估每一种渠道对产品销售和品牌资产的直接影响，还要评估与其他渠道选择的相互作用的间接影响，处理好互补产品的组合、竞争产品的区隔。

4. 传播

传播指公司将自己的品牌直接或间接告诉、说服、提醒消费者的手段，也是营销方案中最灵活的元素。因为有很多种不同的工具或策略可以积累品牌资产，不同的工具或策略有不同的优点，能够达到不同的目标。当然，传播方案的制定要做到整体大于部分之和，要尽可能地将各种传播手段匹配起来，使它们相互强化，因为所有传播策略都有一个重要目的，就是有助于品牌资产的提升。

传播的工具，可分为认知工具和行动工具两个部分。

认知工具主要是线上、线下的广告，用于认知阶段。

这个阶段的目的是让更多人知道品牌和品牌价值，其载体可以是电视广告、抖音、淘宝、微信、小红书、室外广告等。

行动工具是让消费人群产生消费行动的工具，比如短期促销活动，价格降低，消费人群会直接行动购买；比如人员促销，面对面讲解产品，让人群直接行动购买等。

11.2　数字化传播

数字化改变了人们的信息获取方式。过去人们主要依赖电视、报纸的单一灌输，一则央视广告能很快影响全国十几亿人。但今天，人们不仅拥有多元的信息平台，而且已经掌握了信息获取的主动权，甚至可以自行搜索，可以在社交媒体上参与话题、加入讨论，各大内容平台还会筛选你更感兴趣的内容和资讯进行针对性推送。

11.2.1　数字化传播带来的改变

1. 数字化改变了品牌传播的方式

过去广告是品牌传播的中心，传播是单向的、中心化的；而现在是内容变成了中心，传播是双向的、去中心化的。

现在的传播需要更加强调消费者的参与和交互，传播后要能够形成社会扩散。那种不顾消费者兴趣点，进行一味"砸钱"的媒体轰炸，试图"洗脑"消费者的做法，其效果正变得越来越弱。

2. 数字化改变了社交方式

今天，人们拥有各式各样的社媒账号，可以更方便地与品牌连接在一起。人们在网上分散到了各个不同的小圈子里。

这导致了品牌传播不能只关注曝光，更应该考虑如何破圈，打破不同平台之间的壁垒和人际圈层。品牌建设不只在乎知名度，还应考虑如何与消费者建立连接，把消费者变成粉丝。于是，流量池、私域、用户运营等营销概念开始兴起。

3. 数字化直接改变了消费方式

今天的消费者购物渠道多元化，不只是商超、门店，消费者们更多在电商平台购买，在看直播时购买，在刷视频时购买，在阅读文章中购买，在微信群里购买，在微店或小程序中购买……

过去媒体广告和渠道铺货是品牌增长的最大来源，但现在私域运营、精准投放等都可以实现销售和增长。

11.2.2　数字化在品牌推广中的应用

在数字化传播快速发展的过程中，数字化在品牌推广中有广泛的应用。

1. 搜索营销

首先，可通过优化网站内容和结构，提升网站在搜索引擎结果页中的排名，提高网站的曝光率和流量。企业可实时跟踪网站排名和流量情况，加大品牌宣传力度。此外，企业可通过在搜索引擎中购买广告位，提高网站曝光率和流量。企业应考虑广告词汇选择、投放时段等因素，以实现快速提升品牌曝光率和知名度。

2. 社交媒体营销

企业可利用社交媒体平台如微博、抖音等发布内容，与用户互动，提高品牌曝光度和用户参与度。社交媒体营销的关键在于找到目标受众，并通过优质内容吸引用户互动和分享。

3. 内容营销

企业可通过创作有价值、有吸引力的内容，如长文、视频、音频节目等，增强品牌权威性和可信度。内容营销通过提供专业知识吸引用户关注，树立专业形象。

4. 电子邮件营销

企业通过建立邮件订阅列表，向用户发送定期的新闻简报、促销信息等，维护用户忠诚度。电子邮件营销仍然是直接营销的有效工具之一。

5. 软文推广

软文之所以"软",是因为它将广告伪装成了用户的亲身体验与自发的感想。品牌可撰写好软文后联系个别意见领袖让其发布。撰写高质量的软文内容,可塑造品牌形象,提升用户黏性,并通过多渠道传播扩大品牌影响力。软文推广需要精准定位受众、多渠道传播、互动营销等策略。

6. 在线广告

企业可投资在线广告,通过精准的广告定位选项快速增加品牌曝光率。设定明确的广告目标和预算,并根据反馈调整广告策略。

11.2.3　数字化助推品牌构建

在这样的数字化时代,企业应该思考如何将品牌构建在数字化基础上。

产品的交换首先是信息的交换。消费者需要收集大量信息,从而做出对自己最优的购买决策。企业必须向消费者有效传递信息,从而让消费者知道、了解并记住自己的品牌,并唤起他们的需求与欲望。

有了网络和社交媒体后,消费者可以很容易地获得一个产品的用户评价、社媒口碑和专家意见,了解一个产品的交易记录、好评率,并且很方便地进行比价,筛选更划算更便宜的产品。

消费者可以轻松掌握产品的质量信息,并且做出购买决策,他们不需要再盲信品牌。而且,消费者对亲友推荐、网络口碑这些渠道信息的信赖程度,显然高过品牌官方的营销信息。由于信息搜集能力的增强,品牌想要"洗脑"消费者变得越来越难。

然而,在一个信息大爆炸的年代,人们掌握的信息越来越多,但是并不意味着人们的认知水平就能得到显著提升。消费者缺乏的不是信息获取能力,而是认知能力。

认知能力和掌握信息的多寡有关,但更重要的是如何从纷杂的信息中筛选出有价值的知识,并进行分类归纳、整理提取,理解其背后的逻辑和因果性,最后形成自己的洞见、观点、思想。

在产品消费上也是如此。以这几年流行的无糖饮料的认知为例说明认知改变行为。对于消费者来说,代糖与普通糖有何区别?糖摄入过量对身体有哪些危害？代糖有哪几种？它们对人体是否有影响？是否参与新陈代谢？这些信息，只要上网随便查找就有非常详细的解释。消费者只需花上点时间，就能成为一个代糖专家。

对于无糖饮料的品牌方来说，要想说服消费者购买自家产品，其实需要的不是传递这些信息，而是要让消费者认知到"无糖代表一种全新的、健康的、充满活力、积极阳光的生活方式"，是新一代年轻人的选择。品牌唤起消费者对无糖饮料的向往与渴望，营销便大获成功。

今天营销的障碍已经不是信息的不对称，而是认知的不对称。同样一个产品，你如何看待它非常重要。当信息越来越多时，认知的重要性就越突出。

11.3　品牌标签

11.3.1　品牌标签的意义

认知的关键在于标签。当人们接触万事万物时，习惯于对事物进行筛选、分类，然后为其贴上标签，存储于自己的大脑中，以此作为对这个事物的态度与判断的标准。

对于人类的大脑来说，世界是一个海量的数据库。标签就是将数据进行简化、浓缩的结果，是对关键信息特征的提取。比如当我们认识了一个人，这个人开朗健谈、积极向上、兴趣爱好广泛、会踢足球，尤其令人印象深刻的是学历高、热爱读书，那么我们就会给这个人贴上一个标签——"学霸"。

日后当我们回忆起这个人时，"学霸"这个标签第一时间被调用，于是我们恍然大悟，原来是那个学习很厉害的人。标签将一个人复杂的个性、方方面面的特点全部滤掉，只留下最突出的一个特征，不免有脸谱化、单一化的问题，但它让"学霸"这个标签成为我们记住这个人的关键。

标签这种对海量信息进行高度概括和提取的效果，非常符合人类大脑的工作原理。面对这个极度复杂的外部世界，用标签将信息简单化处理，帮助我们整理世界，是我们认知世界的方式。虽然标签不代表全部事实，但它就是我们大脑中的真实。

一个品牌要想被消费者认知，首先就要对产品信息进行简化，找到最能代表自己的一组关键词，形成自己的品牌标签，从而加深消费者对品牌的印象、对价值的理解、对风格的辨识。品牌是一个在消费者内心持续贴标签的过程。

例如知乎，它给自己找到的标签是"问题"。2018 年，知乎喊出的广告语是"有问题，上知乎"；2019 年，知乎又发布了一条新的品牌宣传片，片中口号叫作"我们都是有问题的人"；2021 年，知乎上线十周年，又提出了新的品牌主张"有问题，就会有答案"。

知乎想让用户认知到，如果你在生活和工作中遇到了问题，那就来知乎解决，来知乎找答案。所以知乎基于"问题"的标签指导其品牌核心价值，来创作广告语、各种传播主题、活动和宣传片。

标签对一个品牌来说，代表着价值导向、文化密码和身份认同的三重含义。这是品牌能够吸引消费者的关键。

1. 标签是价值导向

标签对品牌来说是一种价值导向。人们之所以热衷于贴标签，除了用最低的成本最大化浓缩信息外，还有非常重要的一点是标签预设了立场。

在贴标签的时候，其实已经表明了自己的态度，明确了被标签之物与我们的关系，决定了我们是认同它还是反对它，标签能够区分他我，乃至敌我。比如将外卖人员称为"骑手小哥"，这个标签包含了亲近之意，表达了消费者对外卖业务的支持。

2. 标签是文化密码

贴标签不仅是对事物本身信息的提取，还顺便为其注入了文化密码，它将外部事物与我们自身建立联系。

例如，今麦郎的凉白开瓶装水迅速赢得了市场和消费者的青睐，这是为什么呢？

首先，"凉白开"这个名字取得好，它是"80 后""90 后"童年的回忆，那时候家里总是烧一壶开水，放凉了用来饮用。其次，中国人从小就被教育喝生水拉肚子，喝热水或煮开放凉的水才卫生、健康，符合传统养生习惯。

所以，凉白开主打的标签"熟水"是带有文化密码的，并且一系列品牌诉求如"喝熟水，对身体好""不喝生水喝熟水""喝熟水，更健康""喝熟水，真解渴"都直指国人的健康意识和情感记忆。

所以，只宣传产品功能信息，并不能改变消费者认知。拥有文化内涵的信息可以在消费者内心形成深刻烙印，因而很容易给人留下印象并影响人的购买行为。

3. 标签是身份认同

消费首先是基于自我认同的，然后才是品牌认同。因此做品牌就要去迎合目标消费者的身份标签，帮助他们塑造理想自我和公众形象，成为他们想成为的那个样子。

比如美国户外品牌巴塔哥尼亚的老板伊冯·乔伊纳德从小酷爱户外运动，并因痴迷运动而开始自制攀岩用的岩钉。岩钉受到了登山者的欢迎，伊冯由此踏上创业之路。后来又因岩钉破坏环境，于是转而生产户外服装如冲锋衣、保暖衣等，这些产品成为户外运动达人的首选。

伊冯成功以后，生活依旧简朴而节俭，住在自己亲手盖的小房子里，开一辆破旧老爷车，穿着以自家的格子衬衫和人字拖为主。他一年有一半的时间不在公司，而是在全球各地攀岩、徒步、冲浪、钓鱼。

巴塔哥尼亚品牌也以支持环保而著称，发起了多项公益活动，号召了很多企业和个人参加。

这种环保精神和先锋意识俘获了硅谷程序员的心，巴塔哥尼亚也迎合了硅谷创业公司宽松自由的着装风格，后来它又逐渐扩散到金融圈。一件巴塔哥尼亚的抓绒背心搭配一件衬衫和黑色休闲裤，成为美国金融精英的标准装束。

巴塔哥尼亚通过自己的品牌故事、环保行动，给自己贴上了"专业、环保、精英意识"的标签，才从户外爱好者圈层，破圈到科技金融圈，成就了今天的品牌地位。

可见，当品牌能够代表某种身份标签，能够为消费者增添一些身份、特质和故事时，它就会受到消费者的推崇，形成风潮。

11.3.2　数字化时代的品牌标签

在传统媒体年代，主要分发机制是"传播"。电视播什么你看什么。媒体的编导、编辑们承担着"守门人"的作用，他们负责筛选信息。反映在营销上就是广告版面，消费者借此了解有哪些品牌可选，卖点和功能如何。

到了互联网时代，增加了一种分发机制叫"搜索"。消费者可以主动搜寻自己想要的产品。所以企业营销开始购买关键词，做搜索引擎营销。

到了移动互联网时代，又增加了一种分发机制叫"推荐"。网络平台会搜集大量用户的数据，从而判断这些用户会喜欢什么样的内容，然后系统会把它认为用户会感兴趣的内容推荐给他。现在越来越多的网络平台开始使用算法推荐信息。算法决定了我们会与哪些内容、哪些人、哪些事物相遇。

这时，企业营销的关键就是贴标签。因为推荐是基于算法的，算法是基于数据的，数据是基于标签的。

这种信息分发机制的变化，促进了人和信息（内容、产品）匹配得更精确、更高效。这和营销要做的事情是一致的。营销的本质是帮助对的产品找到对的人，如图 11-1 所示。

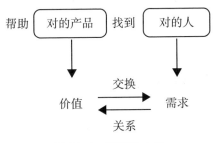

图 11-1　营销的本质

什么是对的产品？就是对消费者有价值，能解决消费者生活中问题的产品。什么是对的人？就是对你企业的产品有需求、有购买意愿和购买力的人。

企业做营销到底要做什么呢？其实就是做两件事。

一是做对的事，研发生产对的产品，并且寻找对的消费者；二是做对接，想办法让产品和人形成连接，完成传播推广和销售。

这就需要给消费者贴标签。

搜集消费者大数据，从中提取消费者标签，了解你的消费者是一群什么样的人。

品牌方可以根据性别、年龄、消费能力、兴趣爱好、购买品类、消费行为、付费意愿等标签筛选人群进行投放，很多平台和媒体都提供了具有丰富维度的标签，品牌方可以自由组合，也可以自定义。

另一方面，给品牌贴标签。

把数据分析变成标签，再对标签进行提炼，从而赋予品牌。根据人群标签特征，为品牌创造性设计标签体系。当品牌的标签和消费者身上的标签相匹配，营销就会容易达成。

品牌建设，不能靠拍脑袋去决定品牌的价值体系、核心诉求、使命愿景、传播内容，而是要通过大数据对目标消费者进行画像，从中提取一套消费者标签，构建品牌的标签体系。

品牌应当基于核心标签来规划传播内容，并以标签为中心统领营销推广，如此才能保证品牌"形散而神不散"。

这就需要品牌建立一个自己的标签库。标签库，是在一个去中心化的时代，对品牌进行的中心化构建。而标签是大数据时代的基建，是品牌与数据、技术融合在一起的关键。

11.4 品牌使命与价值观

如何正确地传达品牌使命？传达品牌使命最简单的方式，就是找到价值观代言人。很多企业都有自己的明星代言人，但少有企业有自己的价值观代言人。

11.4.1 价值观代言人

代言人说白了就是替企业说话的人，这个人不仅代表了企业的气质，更应该代表企业所信奉的使命和价值观。

价值观代言人可以是明星，也可以是行业达人、忠诚用户、企业创始人或明星员工。他们都有一个共性，即他们的所作所为所想，都和企业的品牌价值观是一致的。

当企业借助价值观代言人营销时，要挖掘他们身上的真人真事，用他们真实的人生经历和精神力量，为品牌理念代言。由真人真事传播品牌价值观，用户更容易信服。

例如讲述"中国首位穿越北冰洋的女航海驾驶员"白响恩的纪录片。父母从小希望她做名医生，但她听从自己的内心，最终成为一名船长。

这个纪录片引起了观众共鸣，因为它讲述了一个人真实的人生境遇。因为真实，所以很多人在白响恩身上看见了一部分"自己"。这世界上有千千万万个"她"，因为某个选择改变了命运，也因为某个选择屈从于命运。是改变还是屈从，取决于"她"内心的勇气。

全棉时代品牌选择白响恩作为价值观代言人，是因为她们之间有很多共性：白响恩执着于内心的选择，最终实现自己的人生理想；全棉时代选择只做棉，希望用一朵棉花改变生活品质和生态环境。

由白响恩真实的人生选择、真实的精神理念，投射到全棉时代品牌身上，容易产生情感上的化学反应。

11.4.2　真实的社会议题

一个使命驱动的品牌要关注的是真实的社会议题，而不是好玩的社交话题。找到品牌价值观代言人，是帮企业找到布道者。下一步则是切入大众关注的社会议题，再次放大影响力。

什么是社会议题呢？社会议题指，人们在现实社会中真正关心，但还没有得到良好解决的事，这些事在网上会有一定的讨论度。例如海洋塑料污染、农村留守儿童、失独家庭等。

企业关心社会议题，是在关怀这个世界，想去改变这个世界。而企业去创造社交话题，只是在利用这个世界的素材做营销，是在消费这个世界。

当企业在做一个社会议题时，它可以借助社会议题的关注度，去聚合和它拥有同样信念的人。

例如全棉时代做《她改变的》这个系列纪录片，其实是通过 4 位女性的人生经历，跟消费者探讨与之相关的社会议题，比如女性如何选择自己的人生梦想、女性也能打破职场上的性别偏见等。

全棉时代没有向用户灌输产品卖点，而是透过这些议题，向用户渗透品牌的理念。当品牌把价值观糅合在社会议题中，关注这些议题的观众就会自发地聚集、讨论。

所以，正确地传达使命不是生硬地去推销一个概念，而是通过品牌所信奉的价值观去发现同类、找到同类、聚合同类，当三观相合的人聚在一起，他们就会形成圈子，形成价值观的阵营。

真正由使命驱动的企业，不会单纯地蹭社会热点，而是会发起社会议题。不会为了创意而随意更换社会议题，因为企业关注社会议题的目的，不是取悦大众，而是为了大众与共鸣。这样，既能为品牌聚集忠诚的消费者群体，又能发挥社会价值，实现企业的担当。

11.4.3　实际行动

对于绝大多数品牌而言，让用户消费是目的，品牌使命只是手段，这很容易使用户认为你的使命只是一句空话。

对于使命驱动的品牌来说，达成使命是终极目的，让用户消费只是顺其自然的结果。为了让用户相信你的品牌使命，不能只是喊口号，你必须用行动证明你会说到做到。

家长教育孩子要早睡早起，而自己却还在玩手机；领导希望员工努力工作，那他就要以身作则。口号也许能短暂地"振奋精神"，但行动才能带来真正的改变。当一个品牌在传递某种价值观时，不能只喊口号，要用实际行动让用户参与其中。

作为一个由使命驱动的品牌，不仅要持续地向用户渗透你的价值观，还要邀约更多志同道合的人参与其中。只有人们的意识和行动同频，"使命必达"才会变成一件水到渠成的事，品牌的种种营销才能"有理有据"，品牌价值观才不会沦为一纸空谈。

第12章
品牌传播策略

12.1 产品类型影响策略的选取

品牌传播策略与产品类型息息相关，产品的认知度不同和消费频次的高低影响品牌的传播策略，所以，在设计品牌传播策略之前首先要对产品进行分类。

根据用户对品类的认知高低，划分出低认知产品与高认知产品；用消费频率的高低，划分出高频消费品和低频消费品。由此可以划分出4种产品特性，评估品牌所属品类的客户认知度和使用频次，开展品牌推广工作的策划，如图 12-1 所示。

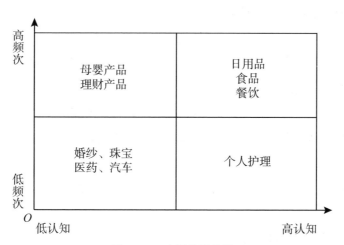

图 12-1 产品类型分类

1. 高消费频次高认知产品

这类产品，大部分是一些日常会使用到的标品，一般不需要教育市场，只要告诉消费者是什么，做什么用的，对他们有什么帮助即可，比如餐饮、日用品、食品、饮料基本属于这个类别产品。

具有高消费频次高认知产品的品牌传播，核心是通过大量的活动与促销。只要进行定向的推送，实现转化就可以了。

所以在运营策略上，重点做轻服务，因为高认知，无须再教育；要多触达，因为高消费频次意味着需要多次提醒购买。

2. 低消费频次低认知产品

像奢侈品、珠宝、汽车、房产等属于低消费频次低认知的产品。这类产品消费者往往因为没有或很少消费，所以对产品不熟悉。品牌需要做深度的服务，大量的内容沟通教育，进行长时间的，甚至是一对一的跟踪服务，直到让别人真正认可产品，才可能成交。

3. 高消费频次低认知产品

像母婴类、膳食保健类的产品属于高消费频次低认知。这类产品往往专业性强，消费者在使用前不熟悉，但使用后往往消费频次较高。

这类产品重内容、重教育，只要客户对你产生足够的信任，成交后，他后面的消费频次就会提高。比较好的策略是建立社群，持续维护管理。

4. 低消费频次高认知产品

个人护理类的产品是典型的低消费频次高认知。品类认知大家都了解，买一次用好久。这种产品需要多做活动促销，多发消息进行触达维护，或者做社群多发促销信息。

因此，根据产品类型制定传播策略的核心有两个逻辑：

一是解决认知问题就做大量的内容和服务进行教育，让消费者对你产生信任；

二是高消费频次要做大量的活动促销，进行消息触达，刺激多次复购。

12.2 品牌传播原则

品牌传播应遵守以下原则。

12.2.1　建立关系，实现共建

2022 年，饿了么在微博上打造了一档免单活动。这个活动不是直接发券、返现，而是用游戏化答题的方式来做。

具体做法是饿了么在其官方微博发布免单的互动问题，网友们根据出题线索，猜测免单时间。这个游戏消费者热烈回应，玩得不亦乐乎，各种精彩段子和爆梗频出，频频登上热搜。

这个活动不仅成功破圈，而且话题的持续性非常好，叫好又叫座，成为当年夏天的一大营销爆款。所以，第二年饿了么免单第二季的活动持续推进，效果非常好，几个月就累计超过 88 亿元。

很多品牌都会做促销，通过折扣、福利、买赠、满减、免费吸引消费者，刺激销售达成。但是，这些常规做法往往吸引来一群"羊毛党"，薅完"羊毛"后就消失得无影无踪，品牌什么也没有剩下。

饿了么的做法是充分利用微博的社交生态和热点玩法，黏住了一群用户，实现了留存和激活。这比单纯做一次促销活动，效果翻了几倍，品牌层面也收获了巨大影响力。

消费者参与饿了么的活动，不仅是为了免单，而是愿意和品牌在一起玩游戏。在这种社交的过程中，消费者会对品牌产生亲近与好感，而有了这种关系，才会长期留存。

态度决定行为，反过来行为也影响态度。如果消费者经常参与品牌的营销行为，和品牌发生交互，就会对品牌产生相应的好感、认同感、归属感。

当品牌与用户建立了密切的关系后，品牌是企业与用户的共同资产，用户参与品牌共建的愿望就更加强烈了。用户利用自媒体为品牌发声，现在已经很常见了。

真诚、真心地与用户建立关系，并和用户一同建设品牌，是品牌传播的核心工作之一。

12.2.2　1990 传播法则

高端产品消费往往有一个特征，即结构性消费。从上到下遵循"1990 传

播法则"，即 1% 的关键高层次用户消费产品，相当于为产品代言，帮产品做广告，自上而下进价行价值传递；9% 的忠诚用户或品牌粉丝，把品牌价值或产品优点传递给周边 90% 的普通用户。

对于任何一个品牌来说，消费者中大多数人都是"沉默的大多数"，他们对品牌漠不关心，不主动参与品牌的营销活动。品牌要想撬动大众消费群体，最好的做法就是利用好核心粉丝的力量。

因此，品牌传播的关键是找出自己品牌的那 1% 和 9% 的关键人群，再进行相应的传播。

12.2.3　建立消费者信任体系

交易的核心是消费者的信任。信任了，就会买产品，若产生不了信任，就算产品再便宜，消费者也不一定会购买。

因此，品牌让消费者在下单前产生信任很重要，如何信任并形成稳定购买关系呢？

1.结合场景突出卖点

消费者购买产品，先是购买产品的使用价值。所以，产品推广时必须要有核心卖点向消费者传递，契合消费者需求，消费者才能清晰地了解到产品的用途，这是产生信任的基础。

例如，一只在农村田野里迎着夕阳奔跑的土鸡，比酷炫的详情页更有说服力，因为卖点和场景结合起来效果才会更好。很多卖农产品的厂商，主打原产地概念，如产品大、品质好、汁水多等，所以场景基本都是在海边、船边、果园等。

2.信任支撑

消费者对于品牌的信任，不是依靠一个维度实现的，是一个系统性工程，离不开一个好的名字、靠谱的包装、吸引人的视觉内容、权威的质量背书、动人的产品故事和卓越的产品性能等。

12.2.4　明确需求

需求是消费原动力。对需求要做到可描述、可分解、可指导，进而才可触达。

1.需求描述

对产品经理而言，基本功就在于对消费者需求的洞察和描述。洞察是基本功，描述是方法论。如何把一个需求概念，变成一个企业可落地、可执行的动作，关键在于需求描述。

清晰地描述需求，目的是完成消费者需求画像。通过需求描述，为产品、价格、渠道、品牌推广提供基础判断依据。

需求描述公式：以什么样的产品功能、形式、满足消费者在什么具体场景下的需求。进而为市场调研、产品开发、定价、渠道、推广提供关键性判断依据。

2.需求唤醒

需求唤醒有发掘未被满足的状态、场景激发、制造比较效应、呈现认知失调、消费符号化 5 个方法。

（1）发掘未被满足的状态。

未被满足的状态是一种心理常态，例如暴发户心态就是需求长期压抑后的报复性消费释放。生理需求满足了，就要满足安全需求；安全需求满足了，就要满足社交需求；社交需求满足了，就要满足自尊需求；自尊需求满足了，就要满足自我实践需求。需求的顶级状态是欲望。营销就是让人们满足欲望的要求变得合理。

（2）场景激发。

场景能激发需求。节日是大场景、大场景激发大势能，中国深厚的文化积淀给我们留下了宝贵的文化场景，如除夕、中秋、端午。人进入特定的场景，就会被激发特定的需求，例如吃饺子、吃月饼、吃粽子。"双 11"是个新造的场景，到了 11 月 11 日消费者不买点东西就感觉自己吃了大亏，场景气氛推着他们买买买。

（3）制造比较效应。

如果一个消费者对某种商品的需求随着其他消费者对这种商品的购买而增加，就称为连带外部正效应，即攀比效应。这是一种"赶浪潮""赶时髦"的购买行为。攀比效应有助于需求量的增加。人是社会关系的总和，"羡慕嫉妒恨"在关系的远近中持续发酵。

制造攀比效应，多用于竞争性广告、文案或宣传中，其条件为消费者在持续消费过程中对于品类属性、特点有明确的感知、认知度，攀比的锚定点可衡量、可感知、可量化。

应基于可感知的差异化优势，选择、锚定比较对象。比较物要可衡量、可感知、可量化。可比较的有特征、品质、功能、利益、效果等方面。

之后，要制造落差感。创意的戏剧化表达核心在于制造落差感，而非创意。以结果为导向的行为引导，即广告设计时要自带"钩子"，锚定比较对象、具化比较物、制造落差感都是为"钩子"抖包袱。

（4）呈现认知失调。

通常情况下，人的认知和行为趋向保持一致，而认知和行为彼此矛盾的情况称之为认知失调。个人认知受到群体集中反对，即和群体大多数人不一致时，会产生认知失调。社会中的某种观念、流行、态度、文化、价值观，当它们与一个人的认知和行为不一致时，都可以引起或造成认知失调。

当认知失调时，个体要么改变态度，要么改变行为。

借助呈现认知失调，广告可以达到引起注意、激发兴趣的目的。通过制造认知失调，引起注意的四种方式如下。

第一，逻辑上的冲突，如"今年过节不收礼，收礼只收脑白金"，从"不收"到"收"，制造逻辑冲突。

第二，文化价值的冲突，如"营养还是蒸的好"，制造中西饮食文化价值冲突。

第三，新旧经验相悖，如"洗了一辈子头发，你洗过头皮吗"。

第四，观念的冲突，如"冬虫夏草，现在开始含着吃"。

（5）消费符号化。

通过符号传递产品之外的隐性信息，是消费者消费过程中或多或少的潜需求。隐性信息包括价格信息、文化偏好、社会阶层等诸多隐藏在产品背后，附着在符号之上的信息。一些消费者会被符号化的消费激发购买需求，通过消费某一种商品来彰显一些隐性信息。

12.3　代偿心理

代偿心理，也叫心理补偿效应，指当某人某些方面受到挫折，不能实现愿望时，会转而在其他方面寻求满足，以弥补原有不足。

假设一人工作中遇到困扰，压力比较大，但他又没办法找到解决方案。他可能会去找朋友寻求陪伴和安慰，通过关系中的相互沟通来弥补工作中的不足，这就是代偿。

从营销角度看，很多时候消费者买东西并不是因为真的需要，而是他们想弥补感觉到的缺陷，想弥补另一方面的损失。比如当一个人工作压力大时，他可能会通过旅游、喝酒来放松。

代偿心理会催生很多需求，品牌可以抓住代偿需求或引导消费者意识到他们的代偿需求。

12.4　品牌文化传播

品牌文化传播主要是对品牌感染力和影响力的考验，这是品牌做大做强的关键。通过破圈传播和社交扩散不断扩大用户规模，再通过公共关系处理和贯彻可持续原则带来品牌文化持续传播和品牌增长。

12.4.1　破圈传播

品牌自身的用户总会达到阶段性的瓶颈。通过跨界联名等营销活动触达不同用户，进入不同圈层，是品牌增长的重要方式。

跨界破圈可分为 4 个阶段。

1. 寻找结合点，契合品牌文化

跨界的目的是累积品牌形象价值资产，所以契合品牌文化内核是品牌跨界营销的第一准则。意向合作方的传播力和影响力再强，如果调性与自身品牌差异性过大，也将会对品牌造成负面影响。

2. 共创新内容，传递品牌主张

跨界营销不是简单地将双方的产品摆在一起，跨界内容才是双方共鸣的重要介质，所以一定要充分共创区别于已有认知的新内容，并且新内容要传递出品牌主张。

3. 整合传播资源，调动用户情绪

在去中心化时代，用户面临信息轰炸，跨界内容需要更好地整合传播资源，形成多触点、多渠道、多方式的传播，充分发挥跨界影响力，用户在哪里就去哪里。

4. 破圈人群互动，扩大用户规模

传播会引来目标用户的关注，接下来要通过与破圈人群的互动来加深关系，否则只是一场虚假的狂欢。互动后认可品牌的用户将成为新的增长来源。

12.4.2 社交扩散

社交扩散可以帮助品牌指数型增长，前提是品牌与用户达到一种共生关系。

所以，社交扩散更应该成为一种战略和思维，把裂变基因渗透进品牌经营全链条，所有用户都是"大使"，让用户融入品牌建设，主动扩散，人人参与，人人受益，如图 12-2 所示。

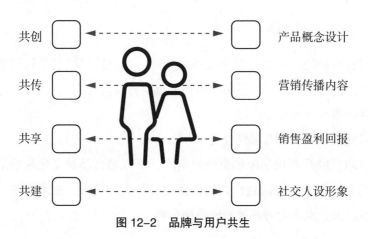

图 12-2 品牌与用户共生

1.共创产品

为了能让产品尽可能地满足用户需求，可以让用户直接参与到产品的概念和设计中，最大化吸收用户反馈，从而推动用户成为产品的共创者。

同时，通过这种社交型的生产方式，使得品牌的营销前置化，让产品生产也成为互动营销的一环。

2.共传内容

创意内容正在进入千人千面时代。面对庞大复杂的内容需求，品牌的确无法靠自身完成，通过服务品牌批量化生产的内容确实高效，但内容无法通过量变带来质变。让用户一起参与传播内容，不仅丰富多彩，并且还能打通用户所在的圈层，将核心用户转化为品牌营销的推广者和品牌声誉的捍卫者。

在线下时代，一个人的社交动员能力再强，大多只能找到几十个用户；但在移动互联网平台上，只要能有机会把人们聚集在一起，人群效应和规模效应能实现成数量级的提升。

3.共享利益

品牌因创造显著的用户价值而得到回报。正是通过为用户创造价值，品牌从用户身上得到以成交、盈利和长期用户权益为形式的价值回报。

如果品牌愿意将一部分盈利与用户共享，会得到用户更深入更长久的连接，如针对新用户的入会福利和针对老用户的分享佣金等。

4.共建人设

品牌可以通过和用户的互动拉近距离，增强信任并且打造差异化的社交人设形象。品牌也可以帮助用户打造自己的社交人设形象，可爱的、搞怪的、高冷的、潮酷的等，当品牌和用户有了共同的人设标签，也就更容易在用户所在的圈层扩散传播。

12.4.3 公共关系

随着品牌的快速增长，大众热度随之上升，机会与风险并存，公共关系在品牌内容管理中发挥着越来越大的作用。公共关系由与品牌的各种公众建立良好关系的活动构成。主要处理以下工作。

1. 新闻媒体关系

创造并在新闻媒体上刊登有价值的信息，吸引意见领袖对品牌的好评以及大众对品牌的注意。

2. 产品宣传

通过宣传某些特定价值和意义的产品。品牌可以通过公关与用户、投资者、新闻媒体和政府协会等建立良好关系。并且公关能够以比广告低得多的成本，对公众的认知产生强烈影响。

一个有趣的素材、事件或社会议题，可能会被多家媒体选中报道。而且公关能够很好地吸引用户，使之成为品牌故事的一部分并主动传播它。

公关的核心优势是讲故事和引发大众热度讨论的能力，这与社交媒体完美匹配。在如今的数字时代，公关和广告之间的界限日益模糊。公关应该与广告在整合营销沟通方案中并肩作战，共同建立品牌与用户的关系。

除了新闻媒体之外，具有鲜明 Logo 的包装、宣传单、各式周边等，只要有吸引力，容易区别和记忆，都可以成为公关工具。

12.4.4 贯彻可持续

品牌一定要遵循可持续发展原则，即通过对社会和环境负责任的态度满足用户、品牌自身和社会当前与未来的需求。可持续发展不仅是一件需要去做的正确的事情，而且对品牌长期发展有利。主要体现在两大发展方向。

第一，对用户友好，方法包括强化用户权利，确保用户隐私，保障产品安全性，控制某些产品的成分和包装，减少广告干扰的程度等。

第二，对环境友好，防止污染，使用新的环保技术，比如环保化设计，设计的产品在使用后更容易回收、再利用和循环使用或者安全返回自然成为生态循环的一部分。

12.5 品牌传播技巧

品牌传播技巧是顺势、借势、造势。

12.5.1　顺势而为

"现代营销学之父"菲利普·科特勒在其《营销革命3.0：从价值到价值观的营销》中把营销分为3个时代。

营销 1.0 时代，以产品为中心，营销是纯粹的销售，是一种关于说服的艺术。

营销 2.0 时代，以消费者为中心，企业追求和顾客建立紧密联系，不但继续提供产品实用功能，更要为消费者提供情感价值和独特的市场定位，从而打造独一无二的价值组合。

营销 3.0 时代，顾客不再仅仅是普通的消费者，而是具有独立思想、心灵和精神的独立个体，企业的盈利能力与它的企业社会责任感息息相关。

由此，鸿星尔克河南雨灾捐款事件、白象拒绝日资、李宁力挺新疆棉花等事件，背后折射出的是在国内外政治经济形势不断变化。在以注重性价比为代表的消费观念不断革新的当下，品牌顺应了公共事件包含的价值取向，消费者对国产品牌的自豪感与认同感正日益提高，民族情怀和新消费观正成为消费者的内在选择机制。

12.5.2　借势数字化助推

结合白象和鸿星尔克等公司的表现，可以看出在公共事件不断演进的过程中，国产运动品牌有了更多展示机会，直接触达年轻消费者，迎来发展新高峰。

以鸿星尔克在抖音平台为例，"鸿星尔克捐款"单个话题就有 2.4 亿次播放量，鸿星尔克公司总裁的相关回应视频点赞量高达 683.3 万，发生在鸿星尔克直播间的"野性消费"热潮更是创造了持续的热度，从话题讨论、短视频，再到直播，这些都是互联网助推国产运动品牌"出圈"的生动展示。

12.5.3　造势打造品牌载体

各类能呈现品牌信息的事物均将成为有效的品牌载体。如在品牌传播中，品牌创始人、企业领袖、企业员工、品牌高管的微博和微信等均具有与大众媒体、社会媒体同样的传播功能。

品牌可通过品牌创始人、品牌代言人、关键意见员工、意见领袖、关键意见消费者等资源，创造媒介内容，构建自媒体矩阵，运用社会化媒体放大品牌效应，快速打破圈层，触达更多消费者。比如当鸿星尔克的老板现身直播间，呼吁粉丝们要理性购物，不要冲动买单时，粉丝们更加疯狂了，直播间同时在线人数竟然达到了 270 万的惊人数字。

老板作为品牌象征出现，会带给粉丝非常独特的感受。品牌中本来蕴含老板的人格基因，当老板出现在直播间，其人格魅力会在直播间独特的人货场氛围中加以放大，直接对粉丝产生吸引力，从而更快、更好地助推粉丝从兴趣到信任的跨越，并推动粉丝将对老板的信任转移到品牌上。

第四篇
品牌体验

| 品牌体验是品牌战略的核心。

第13章
品牌体验内涵

13.1 体验时代来临

一个崭新的互联网时代，尤其是以短视频、直播、社交媒体为主要媒介形式的时代，是一个体验时代和互动时代来临，注重消费者的体验。

过去企业以产品为核心，强调的是市场销售份额或市场占有率。

现在以客户为中心的营销目标，还需要占据心智份额。

当客户打心底认可某企业的技术、产品、价值观的时候，更愿意倾听、了解与尝试，最终使企业成为可信任的伙伴。

品牌体验是消费者与品牌互动过程中所获得的感受和认知，它涉及消费者对品牌的全部接触点。成功的品牌体验需要从多个方面入手，包括产品、服务、形象、渠道等，创造出愉悦、舒适和有价值的体验，使消费者对品牌产生好感并愿意再次购买。

在产品方面，品牌需要提供高质量、独特性和满足消费者需求的产品。在服务方面，品牌需要提供周到、专业和及时的服务，增强消费者的信任和忠诚度。在形象方面，品牌需要塑造独特的品牌形象和价值观，吸引消费者的认同和共鸣。在渠道方面，品牌需要选择合适的渠道和平台，以更好地触达目标消费者并与之互动。

为了创造成功的品牌体验，品牌还需要关注消费者的情感和心理需求。消费者不仅关注产品的实用价值，更注重与品牌的情感连接和情感体验。因此，品牌需要通过深入了解消费者的需求和喜好，提供个性化的服务和关怀，建立情感连接和互动，提高消费者的满意度和忠诚度。

此外，品牌还需要不断地进行品牌管理和创新。品牌管理涉及品牌的定位、传播、形象维护等方面，需要持续地进行调整和完善。创新是品牌发展的关键动力之一，通过不断地推陈出新、引领行业趋势来吸引消费者的关注和认可。

以星巴克为例，其对产品品质的严格把控是其成功的品牌体验的基石。它不仅采购全球最优质的咖啡豆，还通过独特的烘焙和混合工艺，确保每一杯咖啡都拥有独特而一致的口感，并不断创新推出各种口味和特色咖啡，满足不同消费者的口味需求。星巴克非常注重营造独特的品牌氛围，无论是店面的设计、装修风格，还是店内的音乐、文化元素，都充满了品牌特色，让消费者在享受咖啡的同时，能够感受到品牌的价值和理念。

星巴克通过周到、专业和及时的服务，增强了消费者的信任和忠诚度。员工们友善、热情，能够为消费者提供个性化的服务和关怀，使他们在星巴克获得了愉悦和舒适的体验。

星巴克还通过举办各种社区活动和文化活动吸引消费者的关注和参与，通过会员计划、积分系统和社交媒体平台与消费者建立了紧密的联系，增强了消费者的忠诚度和参与感。

成功的品牌体验需要从多个方面入手，注重消费者的情感和心理需求，提供愉悦、舒适和有价值的体验，使消费者对品牌产生好感并愿意再次购买。同时，品牌还需要不断地进行品牌管理和创新，以保持品牌的竞争力和吸引力。

13.2 体验设计升级

13.2.1 用户体验设计的现状

1.同质化现象

过去，我们在用户体验中一直强调以用户为中心，追求给用户带来更好的体验，不断强调一致性、易用性、可用性等。

如今，我们回顾手机里的 App 的用户体验，在过去十几年的积累下，用户的使用习惯、用户的认知都得到了很大提升，产品的基础体验也都做到了使用流畅、一致性，但也带来一个问题——同质化严重。比如，当我们打开电商类的 App，发现多数企业越来越一样，可能我们抹去了 Logo 之后就不知道这究竟是哪家的了。

有的公司在设计时是从 B 抄一部分样式，再从 A 抄一部分样式，最后再从 C 抄一部分样式，最终的设计结果成了大家看到的现象，设计越来越趋同。

2. 品牌升级频发

许多企业进行了品牌升级、设计语言升级。

很多外行人站在一个旁观者视角对升级的设计嗤之以鼻："这升级了什么？怎么跟没做一样？""花了几百万元就做了个这，真不值。"

实际上，这些升级不是简单的设计样式更换，而是战略定位的调整。比如支付宝突然换了 Logo 的颜色，而这背后是支付宝升级成生活开放平台的战略。

淘宝也换了字体 Logo 的设计，这背后的战略是新淘宝要更好地链接内容、用户、商业。

13.2.2　体验设计要体现品牌感

既然品牌升级了，在用户体验设计中如何体现新升级的品牌感呢？如何能体现品牌的定位和战略呢？

当我们在收到品牌设计方案后，不要仓促地定义新升级的颜色等样式问题，而是需要先充分理解战略背后的意义，理解用户、理解目标、理解新商业方向等，再聚焦在关键点上，从而针对体验设计中的设计体系定义好设计原则，再最终落地到设计元素上，比如颜色、控件、交互等。

因此，设计过程可分为 4 个步骤：品牌战略理解、聚焦品牌关键词、定义设计规则和设计元素强化品牌记忆点。

1. 品牌战略理解

品牌战略理解实质上就是理解公司未来业务调整、方向调整、目标调整，品牌体验设计一定要基于品牌战略的方向。

比如某公司一次品牌战略定位后进行了 2.0 生态电商改版，这个红蓝战略从字面意思理解很抽象，但实质是内容化、视频化的业务方向。根据这样的战略定位设计创新的 2.0 的生态电商设计方案获得了认可，如图 13-1 所示。

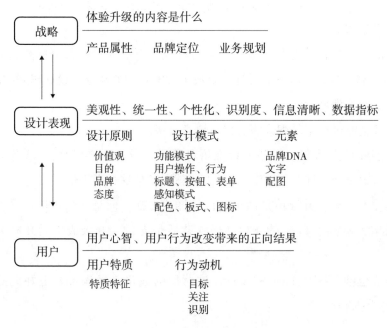

图 13-1　品牌战略理解的内容

2. 聚焦品牌关键词

准确理解战略方向后，一般会进行一些发散性收集与战略方向相关的关键词语。比如滴滴升级前的品牌语是"滴滴一下，美好出行"，后来在专车、顺风车业务发展后，针对不同业务线聚焦在舒适、活力、正式 3 个关键词，形成新的滴滴设计语言，如图 13-2 所示。

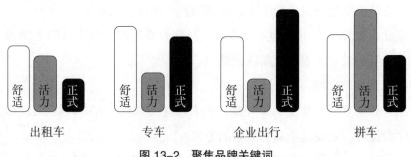

图 13-2　聚焦品牌关键词

3. 定义设计规则

设计原则就是设计时的一份指南，是建立在前面的分析推导上表达出的设计价值观，指导在设计中什么该做什么不该做。

很多设计团队定义的设计原则是清晰、高效、简洁、一致、美观。但这些定义太过宽泛，无法指导实际的设计。设计规则应符合什么规则呢？

答案是，设计规则要贴近业务，真实而有效。比如做外卖的要突出快、服务、准时的定位。做出行的要突出安全的定位。做金融的要突出收益增长等，如果仅仅把设计规则都定义成清晰、高效、简洁，将不能形成差异。

以平台要升级为"安全"为例，首先需要知道什么才是"安全"的设计规则，除了绿色，还有什么行为会产生信任安全感。

4. 设计元素强化品牌记忆点

从设计规则推导出来后，颜色、图标、配图、文字设计等具体的设计元素还需要结合品牌找到具有记忆性的点，形成 DNA 记忆符号，才能给用户在视觉、触觉等感官上加深印象。

总的来说，体验设计升级不只是画个图形，吸个颜色，每个设计背后都有遵循的依据，都有背后的科学分析推导。所以，需要探索真正有独特观点、贴近业务、贴近战略规划的设计价值理念，来指导未来长远的设计发展。

13.3　品牌体验联想

13.3.1　品牌联想内容

当你看见一个品牌或者听到一个品牌时，你脑子里立刻呈现的是一种什么情感、印象或画面？这个情感、印象或画面是相对固定的，同时品牌用户的联想具有趋同性，这就是品牌联想。品牌联想与人的心智模式直接相关。

比如提到星巴克，你会有什么联想？提到瑞幸咖啡会有什么联想？提到喜茶呢？虽然不同年龄、不同地域、不同从业和收入背景的人，联想到的内容会有一些差异，但是整体共性部分应该是非常明确的。

如表 13-1 所示，我们可以看出，客户在看到或者听到一个品牌时的联想与客户的经历有关，也与企业的品牌定位有关。但是所有的品牌定位，都需要企业在实际运营的每个环节中表达。而这些表达，被客户感知到，就会产生体验，留下痕迹，久而久之就会变成客户的联想。

表 13-1　星巴克、瑞幸和喜茶的品牌联想内容

品牌	客户联想	联想怎么产生的	企业定位
星巴克	闲聊天 商务洽谈 带着笔记本电脑	听说 实际体验： 口味、价格	独立于家庭、 办公室的"第三空间"
瑞幸	天天有优惠券 日常随便喝	听说 实际体验：折扣、便宜、 拿着就走	主打办公室的"第二空间" 随时下单，即来即拿走
喜茶	网红店 小贵的甜水	自媒体发现 实际体验：甜、小贵	年轻文化符号，一杯融入 状态的"灵感之茶"

13.3.2　品牌联想符合预期

如何让品牌联想符合品牌预期？

每一次触达都是体验，每一次交互都是塑造。企业要把握所有与客户产生联系的时机，设计与品牌定位相符合的所有外在表达，才能够保证品牌联想与品牌设计的初衷一致。

如果企业希望客户的品牌体验达成预期，产生符合品牌定位的联想，就应该按照塑造形象、传递形象、强化形象、探究原因和固化形象的品牌联想设计的原则进行设计，如图 13-3 所示。

企业需要根据客户对品牌体验的过程进行针对性设计，具体包括以下几种过程。

1. 塑造品牌形象的过程

企业需要考虑品牌出现在客户面前的各种场景，在品牌定位和价值展现的同时，根据这些场景进行设计，这些设计包含了品牌的视觉、听觉、载体，属于传统的设计。除此之外，还需要设计品牌出现的场景，比如广告呈现、口碑呈现、自媒体呈现、应用时呈现等。

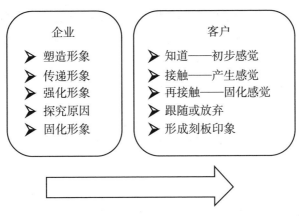

企业	客户
➤ 塑造形象	➤ 知道——初步感觉
➤ 传递形象	➤ 接触——产生感觉
➤ 强化形象	➤ 再接触——固化感觉
➤ 探究原因	➤ 跟随或放弃
➤ 固化形象	➤ 形成刻板印象

图 13-3　品牌联想的设计原则

品牌被什么人频繁提起，被什么人使用，在什么场所使用，都能显示品牌的定位。这时候的定位，不是企业设想的，而是品牌真实定位的体现，希望让什么人接受这个品牌。

2. 客户体验的整体运营

针对客户对品牌体验的过程，需要配合企业一系列的运营，不仅仅是品牌本身的运营，而是从品牌塑造到产品设计，到营销、销售、服务、客户忠诚度维护全过程的运营。

3. 客户实际体验的结果

当客户与品牌进行初次交互时，是客户产生实际感觉的时候，这是企业传递品牌形象的时机。产品及服务的形象、价格、品质是否能够与品牌的定位匹配，这将决定品牌联想。

比如宜家的人群定位是年轻人，提供的是低价的、高品质的产品及有限的服务。这个定位让客户一踏进宜家的展厅就能够感受到，例如实景布局，解决年轻人经验不足，渴望拥有得体舒适的需求；价格便宜，解决年轻人财力不足的问题；各种自助式服务，调动客户的参与度，同时降低成本。餐厅的设计、结账处甜品的设计，传递了品质，迎合了人在体验的峰值和终点对整个体验的影响。这些都是企业精心设计的结果，准确传递着品牌的定位。一提起宜家，客户的品牌联想是"照着样板房布局就行"，总有一些东西让你感觉"家具便宜，品质还不错"。

在客户与企业的一次次交互过程中，品牌的印象一次次被刻画、加深，无论正面还是负面。次数多了，时间久了，在客户的脑海中就形成了品牌的刻板印象。

客户如何看待一个品牌，来源于客户对品牌的认知，这个认知是从与品牌接触的点点滴滴中感受到的，是客户与企业接触的全部体验的综合感知。

品牌体验最终输出的是品牌联想，而品牌联想才是客户对这个品牌的真实印象。

13.4　品牌体验塑造

不仅要用体验优化产品，更要用体验塑造品牌，用独特的体验设计让品牌变得独特、显著，具备强大的识别力和影响力，这是一种全新的品牌塑造方式。

在传统时代，品牌塑造主要靠广告。消费者通过记住一个符号或一句口号，从而记住并认知品牌。品牌诉求不仅要有功能卖点、品类地位，还要讲情感态度、个性形象。

现在越来越多新品牌崛起，不是靠铺天盖地的广告投放让消费者所熟知，或靠一句广为流传的广告语成为社会知名品牌，而是因为它们创造了独特的品牌体验，从而脱颖而出。

例如苹果这一品牌不完全是靠广告塑造出来的，其品牌价值和形象个性，主要来自苹果公司的产品设计、软件和系统、零售店体验，以及乔布斯本人的个性与魅力。

从"广告塑造品牌"到"体验塑造品牌"，这是这些年发生的重要变化。品牌建设不再只依靠广告投放这一环来建立高知名度，而是要靠全方位的品牌体验形成强感知。

星巴克全球创意副总裁说过一段话："对品牌来讲，产品就是体验，体验就是产品。拿星巴克来说，当你品尝饮料时，你听的音乐，你和某个人在聊天，以及你所坐的沙发，构成了完整的体验，谁又会说我只是来星巴克喝咖啡的呢？"

消费者购买的并不只是产品本身，而是由产品所衍生出来的一系列丰富体验。星巴克是没有广告投放的，大家对星巴克的认知主要来自它的门店。星巴克品牌的成功，核心是它成功打造了"第三空间"，创造了独特的品牌体验。

要想打造一个成功的品牌，最好方法就是创造独一无二的品牌体验。体验具有 3 种价值：价值的具象化、产品的差异化和战略的清晰化。

13.4.1　体验让价值具象化

企业营销有个显而易见的痛点，就是如何让消费者认知到品牌价值，从而说服他们购买。但是品牌价值常常是内在的、隐性的，比如产品应用了什么先进技术，拥有多少专利，品质管控多么出色，生产工序多么严谨。这些卖点，消费者在拿到产品时，无法直观地了解。

为了让消费者了解产品，企业需要做认知教育，花钱向消费者做宣传。但是产品越复杂、技术越高精尖，传播成本就越高，难度就越大。企业花了大价钱，消费者还不一定感兴趣。

在这种情况下，我们可以强调体验。消费者对一个产品价值的感知，往往是从产品创造的体验中得来。如果一个产品设计精致、包装精美、店面高档、销售人员专业、服务周到，那么消费者自然愿意相信这个产品品质一流、技术先进。而如果产品和服务各方面都很简陋，那么消费者在买单时就会心怀疑虑。

体验是可感知、可触摸、可视化的品牌价值。它让内在价值变成显性存在，便于消费者感知。

为什么体验能让人记住呢？因为体验调动的是人的眼、耳、鼻、心、口、手全感官的参与。

比如提到奥利奥，大家马上会想到"扭一扭，舔一舔，泡一泡"，这是奥利奥宣传了很多年的一句广告口号。有些人会觉得这句话，既没有讲产品卖点，也没有定位，更谈不上品牌文化和价值观营销，那么为什么这句口号能起作用？

首先是因为"扭、舔、泡"为消费奥利奥创造了一种方法，在这一整套动作中，有触觉、有味觉、有视觉，可能还有听觉。消费者听一次、跟着做一次，就能牢牢记住，因而成为品牌强大的记忆点。

而且这种全感官的参与能够激发消费者的食欲，让人产生尝试一下的欲望。它创造了消费仪式感，还能促使消费者养成习惯，从而把奥利奥变成日常生活中的一部分。

这种感官设计，已经成为企业建立品牌、达成销售的潜意识武器。每一个体验的背后，都真实反映了一些消费者自身的情感、价值观和生活方式。

优质的品牌体验，可以让消费者形成深刻印象，形成记忆，从而解决获客和消费者认知的问题，帮助品牌更容易从海量市场空间和激烈的市场竞争中脱颖而出。

这对于初创企业来说意义尤其重大，因为它们通常没有那么多的费用去宣传产品，教育用户，在这种情况下，创造体验就成了品牌建设的首选。

13.4.2　体验让产品差异化

处于一个同质化的年代，企业想要在产品功能技术层面创造差异，已经变得越来越难。就算是产品做出来了差异，也容易被竞争对手模仿。有时候花了高成本做出来的产品差异，消费者还往往难以感知到。

然而，差异化是品牌存在的基础，要想做出差异化，其实关键在体验。功能没有差异，体验可以有差异，而且体验上的差异更容易被消费者识别和感知。

例如，像蛋糕这类产品很难做出差异化，原料、工艺、造型、口味，各家店都差不多，算不上核心竞争力。而熊猫品牌的做法是，给订购顾客送蛋糕时，送货员会穿上熊猫人的衣服，带上蓝牙音箱，现场给顾客跳一段舞，唱一首生日祝福歌，还会贴心地送上红包。只是这样一个小小的创新，就让熊猫蛋糕品牌从同质化的蛋糕市场脱颖而出，让人印象深刻，特别是受到了孩子和老人的欢迎。

因为过生日是人生中一个特别的时刻，极具纪念意义。"熊猫"为这个时刻注入的情感，创造了难忘的记忆。因此，从单纯的销售蛋糕变成了销售蛋糕体验。

当用户体验被重新设计，其实就意味着对产品本身的创新。

因此，企业在开发产品时，不应只关注产品的功能和品质，还应考虑产品的使用体验，包括颜色、形状、材质、触感、味道、声音、温度、重量和体积等。

企业在推广产品时，也不应只宣传功能利益和品质背书，诸如材料成分、技术专利、工艺流程、作业理念等，这些都是消费者不能直观感知的，更应该强调产品带给消费者的直接体验。

体验不仅可以成为产品的核心卖点，也是消费者的强力记忆点。

当前市场上有太多产品，功能可以满足需求，但使用体验却不尽如人意，因而无法勾起人们想要拥有的欲望，这正是产品创新的大好机会。

因此，体验的注入可以解决产品创新和差异化的问题。

13.4.3　体验让战略清晰化

在从无到有的阶段，企业的核心任务是验证产品和市场的匹配性，产品是否有市场机会，是否满足真实顾客需求。

验证的一大关键在于看企业是否创造了独特的品牌体验。因为体验来自人、货、场的融合，要想创造出好的用户体验，必须聚焦人群、聚焦场景，深挖产品，想明白其针对什么样的人群、面向哪种消费场景、解决消费者什么问题，他们在产品使用中的感受和评价如何。创造好的体验，就证明了产品有使用价值，有目标人群，有真实的市场存在基础。

13.5　品牌体验共创

生活是平淡的，时不时需要惊喜添彩；只有惊喜、超出预期的体验才会被牢记。日常的平淡琐事，我们早已忘却，能记住的只有那些峰值体验。

品牌与用户相处更是如此，绝对不是一次成交的关系，要成为被牢记的"朋友"，品牌需要经常共创一些惊喜体验传递给用户。

13.5.1 平等沟通

品牌与用户之间一次普通的、平等的沟通在品牌的传播中是特别重要的。

有太多的品牌，说是将用户当朋友，但当用户遇到了售后问题，品牌能不能在第一时间解决？用户提的一些合理要求，品牌能不能积极处理？

要做到平等沟通，无非就是将心比心，换位思考；品牌需要将用户当作上帝，主动拉近距离，靠近用户，真正为用户解决问题，这样才有可能与用户共创体验。

13.5.2 共创体验

共创是指品牌与用户共同创造某项东西，可以是内容，也可以是产品。

这打破了传统品牌单向灌输式的价值传递，强调用户的参与感，让每一个用户都会产生该产品或内容是自己创造的感受，他们对品牌也有着更深、更具黏性的情感联系，并往往会成为品牌的超级传播者。

例如小米的联合创始人黎万强提出，小米成功的关键在于，让用户融入小米产品开发的过程中，让用户具有参与感，感觉这个系统就是自己做的。

第 14 章
基于场景的品牌体验

大众对于消费体验带来的新鲜感期待与日俱增,那种情感式的交流、共情式的体验感受,将是对品牌在产品和服务方面最大的挑战。那么,在这样的"感动消费时代",品牌该如何把产品和服务的体验感受传递给消费者呢?当下比较有效的方式是场景化的体验模式。

14.1 品牌场景化打造

14.1.1 线下的场景化

线下的消费门店中处处都是场景,处处需要服务,而且需要场景化的服务。

什么是场景化的服务?该怎样传递给消费者好的体验感受呢?以零售门店为例,场景化体验可分为接待场景、选品场景、咨询场景和交易场景,如图 14-1 所示。

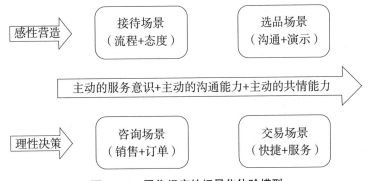

图 14-1 零售门店的场景化体验模型

先看主线，中间的一条是核心主线，需要提供场景的人员具备主动的 3 项能力：服务意识、沟通能力和共情能力。

另外两条属于执行辅线，不同的场景需要用不同的意识形态来应对，用感性来营造氛围，用理性来促进决策和结果。在这些场景中，服务体验是核心的呈现方式。但从哪些方面可以实现全方位的服务体验传递呢？

做好消费群体看得到的服务，这是视觉体验。

做好消费群体摸得到的服务，这是触觉体验。

做好消费群体听得到的服务，这是听觉体验。

做好消费群体感受到的服务，这是感觉体验。

对于品牌来说，最重要的就是塑造场景化体验的能力和培养场景化体验管理的人才，形成标准化的管理方法。这才能实现在感性商业环境中，消费者与品牌的最强黏性。

为什么有时候营销策略没有太大作用，用户不买单？可能是因为没有做好场景提醒，没有切中用户的切身利益点。那么，场景营销背后是由什么心理因素导致的？品牌场景营销策略又该如何搭建？

90% 的人的行为由情绪和感受主导决策，尤其在信息或认知不足时，更容易跟着感觉走。换到营销层面看，很多品牌认为只需要通过海报、电视讲清楚产品功效和卖点，消费者就会选择它们。但实际情况是把产品通过陈列货架放到用户面前，他都未必能够选择，甚至会想"和我无关"。

14.1.2 场景的定义与重要性

场景可分为"场"和"景"，分别指时间与空间、情景和交互。假如我约客户在某个咖啡厅谈事情，本计划中午一起吃饭，但他临时有事提前先走。

我打开地图，查找附近的餐厅，其中一家连锁餐厅显示 8 折优惠且距离我 500 米，而我刚好是它的会员，于是要选择以步行的方式到餐厅就餐。

这就是场景，它限定某个功能的场所在固定的空间中所触发的一系列事情，从类型上看大致分为 4 种类型：内容场景、消费场景、使用场景、即时场景。

用户在各大资讯平台看到搞笑内容或是有价值的信息称之为内容场景，

用户在什么地方会选择购买产品是消费场景。用户使用产品的场景就是使用场景。我们出行选择地铁还是单车，使用地图导航还是边看视频边刷 App 购物，此类均属于即时场景。

每次过节，品牌为什么要制作营销海报进行宣传？原因是一方面告知客户品牌的促销信息，另一方面告知消费者要在什么场景使用。

但很多品牌把海报纯粹地做成海报，只有冰冷的文字和产品图片而没有任何场景，造成传播效应大大减弱。

总之，场景中所有的东西最后都会落在"5W"和"1H"上，即谁（who）什么时候（when），在什么地方或去哪里（where），做什么（what），为什么（why），会产生什么样（how）的结果。

14.1.3　场景细分

按照品牌营销可分为基于任务和目标的场景、精细化的场景、全面描述的场景 3 种。

基于任务和目标的场景指为了解决一个困难或达成一个目标的场景。比如，晚餐时间，小王因工作太忙没时间吃饭，想点份外卖解决晚餐问题。

精细化的场景指用户具有什么特点，他处于什么样的时间和地点达成什么目标。比如，一个设计师因昨晚设计评审没通过而不得不加班修改，但又到了晚餐时间，员工餐厅太远又想赶紧做完修改回家，那是否有即食食品来充饥就显得格外重要，酸辣粉、泡面就成为最佳选择。

全面描述的场景则比较宽泛，除用户、背景和目标外，还需要详细地拆分用户达成目标的所有步骤，并对步骤的场景进行详细的描述，通常使用在大规模营销中。

不论如何细化，场景的最终目的是连接人。所以，在制订营销计划时，目标群体所处的亚文化、接触的社群和特色的个性心理将成为我们的策略和创意的来源。

14.1.4　场景应用

品牌传播时要考虑用户的心理活动和状态。

1. 情绪唤起

人的情绪和感受常在场景外部刺激下催生。

因此重视情绪产生的场景，能够快速激发受众情绪。

情绪唤起的核心是找到常规场景，挖掘用户不同诉求点后放大情绪。这种频繁刺激的方式能够快速占领心智，提升品牌认可度。

2. 记忆联想

场景中的细节或独特点，能唤起用户的情节记忆，引发受众联想。一般情况下，消费者在生活中想起某件产品是有固定顺序的，只有当他身临某个场景时才会产生需求，进而想要需求的解决方案，最终才想到产品。比如因晚起床，上班途中错过公交车，为了不迟到选择打车，继而通过手机打开打车软件叫车。

这就是为什么品牌在某个场景下表达产品时要配一句能够让用户重复记忆的简单话语，它可以让用户加深记忆，形成场景强关联。

14.2 场景重塑

为了更好地突出品牌，还可以通过场景重塑来争夺心智。如何做呢？

可使用描绘原点故事和场景搭配两种方法。

14.2.1 描绘原点故事

首先，原点故事要从品牌的根基开始。例如前几年火爆全网的褚橙，讲述的是一个从巅峰跌落低谷又重新创造神话的传奇人物。从"烟王"到深陷囹圄，褚时健的成功令很多人感叹，而后的营销便以原点故事展开。

假设品牌没有原点故事，所有的场景营销都呈现碎片化，并且很难做出价值延伸，因此品牌创立之初必须要有原点故事，而随后在不同的宣传场景下故事的讲法也就不断展开。

14.2.2 场景搭配

场景搭配是指将产品放置某个场景之下应用，让消费者提前感受到产品的用途和使用场景，更能引起消费者的情感共振，从而激发消费者在特定场景时购买产品。

从品牌角度出发，从场景流开始，设计有悬殊、能联想到品牌的场景。看剧时、带孩子时、睡觉前、等地铁时、坐公交车时等场景，都可以和产品关联。

场景搭配的关键是让用户感觉到与自己相关联。

为什么产品卖点比别人多但消费者依然不购买？不是因为理解错了卖点的含义，而是所谓的卖点根本没有结合场景或消费者所遇到的问题。

14.3 场景不对称使品牌传播失调

那些价格相对较高，常常在无预期的情况下导致消费者"受伤"的"雪糕刺客"，就是没能把握好市场传播节奏和渠道场景的不对等，对品牌造成了伤害。

因为在以往的认知中，一支雪糕不过3元、5元，昂贵得多的"雪糕刺客"让消费者内心纠结万分，尽管首次为面子而付款，但最后带来的不仅是让消费者满肚子愤怒，还会给品牌口碑造成损伤。

换个角度，如果高价雪糕产品只在专柜售卖，出现在 LV 展厅，与宝马、奔驰汽车等高端品牌玩跨界，可能就会取得更好的结果。

因此，消费人群所在场景决定定位，品牌要营造与产品定位相一致的场景。

第 15 章

品牌社群

品牌社群定义为建立在使用某一品牌的消费者间的，在社会关系基础上的、专门化的、非地理意义上的群体。品牌社群以消费者对品牌的情感利益为联系纽带。在品牌社群内，消费者基于对某一品牌的特殊感情，认为这种品牌所宣扬的体验价值、形象价值与他们自身所拥有的人生观、价值观相契合，从而产生心理上的共鸣。为了强化对品牌的归属感，品牌社群的消费者会组织起来，通过组织内部认可的仪式，形成对品牌标识的崇拜和忠诚。

15.1 社群特征

15.1.1 社群的特点

社群一般具有以下 6 个特点。

1. 清晰的价值观和理念

无论是创造快乐，还是更加健康，甚至是改变世界，社群内部总会有一个大家共同的梦想。这个梦想反映了社群共有的、清晰的价值观和理念。

2. 彼此赋能

品牌为成员赋能，改变成员的生活状态，帮助变得更好；成员也能为品牌赋能，让其顺利发展。

3. 重在连接

连接生活，连接品牌，成员互相连接，连接是社群的显著特征。

4. 分享权利

新社群不是营销目标，而是伙伴，品牌要做的是支持它，助力成长，所

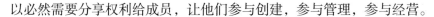

以必然需要分享权利给成员，让他们参与创建，参与管理，参与经营。

5. 一致行动

只有线上互动的不是社群，线下持续的一致行动才是社群的核心。

6. 创新和进化

社群需要跟随环境和时代不断进化，能够跟随技术和文化的变迁而改变。

满足了这 6 个特征的社群，用户与品牌将深度融合，认同感和归属感被持续激发，无论是打造属于品牌的用户生态圈，还是在存量市场中求活，都能游刃有余。

品牌社群作为品牌体验的一种形式，通过提供共同意识和共享的体验，增强了顾客与品牌之间的情感联系。在品牌社群中，顾客不仅消费产品，还参与到社群的活动和互动中，这种参与和互动增强了顾客对品牌的认同感和忠诚度，从而提升了品牌体验的质量和深度。

因此，品牌社群通过其特定的社会结构和互动方式，为顾客提供了一个独特的体验空间，这个空间超越了单纯的产品消费，涉及情感、文化和社交等多个层面，从而成为品牌体验的重要组成部分。

15.1.2 新社群生长土壤

新社群生长的土壤有以下 3 种。

1. 消费人群的新认知

社群的基础来自消费人群，来自共建力。来自他们消费视角的改变——不只是在消费产品，更是在寻找一种共享身份和归属感。新人群对沟通的渴望超过了对物质的渴望。他们认为一个社群不仅仅是为了积累人脉彼此互惠，而是因真正有认同与归属感而汇聚在一起。

2. 用户场景的争夺

新社群的成长依赖于在特定用户场景中占据心智与行为入口，其争夺的本质是通过精准识别高价值场景，构建差异化的场景解决方案，争夺用户时间、注意力与情感认同，最终形成社群生态的"护城河"。

（1）场景争夺的要点。

①场景识别：找到未被占领的"空白场景"，避开巨头主战场，聚焦垂直

细分场景，或者组合用户需求创造新场景，如"健身＋社交""购物＋内容"。

②场景适配：设计"场景—产品—用户"闭环体验，一种是功能极简匹配，即在特定场景下提供最直接解决方案，如美团外卖一键拼单功能；另外一种是内容场景化包装，即将社群内容按场景分类，如职场社群的"早报速读""午间充电""下班复盘"栏目。

③场景渗透：从单点突破到生态占领，一种是"钩子"产品引流，即用免费工具／内容吸引用户进入场景；另一种是场景网络效应，即打通关联场景形成协同，如小红书从"种草"延伸至线下探店打卡、好物拼团。

④场景防御：构建用户迁移成本，让用户在场景中积累不可转移的资产，如健身社群的年度运动报告；也可鼓励用户建立场景内社交关系，如豆瓣小组的"组宠"文化、企业微信群的客户协作记录。

（2）场景争夺效果评估模型。

场景争夺成功的关键在于比用户更早发现其未被满足的场景需求，用极致体验在单一场景中建立绝对优势，通过场景叠加形成生态协同，让用户离不开。场景争夺效果评估模型如表 15-1 所示。

表 15-1　场景争夺效果评估模型

评估维度	关键指标	分析工具
渗透率	目标场景用户覆盖率	用户行为路径分析、场景标签统计
黏性	场景人均使用时长／频次	时间序列分析、漏斗模型
壁垒	用户跨场景迁移率	竞品对比、留存曲线
价值	场景关联交易额或用户生命周期价值	收入归因模型、客户价值分层

社群生态的"护城河"不仅是功能或内容，更重要的是用户心智中"某个场景＝某个社群"的条件反射。

3.新连接、新关系下的新社交

去中心化、去权威化的社会使越来越多的人可以随时围绕任何点进行连接，自行展开行动，形成大量的社群关系。新社交的协作和创新成本降低，催化了基于兴趣和连接的新社群逐步形成，使其真正成为生活中一种新体验、新场景。

新消费人群、用户场景的争夺和新社交，在三者的互相作用下，经营用户和社群营销，是新消费品牌的破局核心方法之一，也是新消费品牌的护城河，抵御可能到来的被巨头"吞噬"的好办法。

15.2　品牌与用户融合

社群是品牌与用户高度融合的亲密伙伴关系。社群的成员认同品牌，主动传播，积极参与品牌和社群建设，与品牌形成共同体，增强归属。他们愿意参与品牌的活动和购买品牌的衍生品，不会轻易改变品牌习惯，信任品牌并有一定的归属感。

从人类文明史的视角看，社群的典型案例是信仰型社群和私人俱乐部型社群，企业可以从它们之中汲取建立社群的经验。

15.2.1　信仰型社群

信仰的发展历程，大致都是三段式。

首先，创始人抛出一套理论。这个理论必然有助于一群人的生存和成长，或是解释了某种困惑，或是给了某种希望，或是找到了存在的意义，或是改变了生活，人们被理论吸引聚集。

其次，共创信仰，赋能个体。一批优秀的信徒（核心层），在互动中逐步创建出清晰的体系，形成规范性的、统一的价值观和纲领的教义，这一教义帮助追随者获得改变，更好地生存。

最后，参与传播、认同和归属。在教义的一次次传播中，在各种仪式的加持下，教义逐步成为参与者的共同认知，每一次的参与过程，又是自我认同的一次强化和融合，信众的凝聚力和归属感自发形成，信仰型社群由此壮大。

从这类社群的发展过程中得到启示，出现了无数高效打造社群形成归属的方法，如偶像化、图腾和超级符号、仪式、故事化等。

15.2.2 欧洲私人俱乐部型社群

17世纪的欧洲，贵族不屑于与平民为伍，但又需要更紧密的社交和连接，就组织了各种类型的贵族沙龙聚会，渐渐演变为圈层的连接场所，直到成立专属的封闭式私人俱乐部。

那个时代的私人俱乐部，核心是"连接"，连接同类人，连接关系，连接信息，连接商业；后来代表了一种身份，并且享受某些特权，也可以是连接圈层，连接生活，连接地位。

欧洲私人俱乐部式的社群打造大致也是三段式结构。

首先，共建社群，共享权利，服务会员。私人会员俱乐部一般由几个创始人为了更好地连接圈层而共同创立，初始会员一起参与了社群的创建，权利自然共享。

这些俱乐部大都不会对外开放，一般需要已有会员推荐入会，还要经过委员会严格的审查，并且每年需要缴纳会费。因此，为会员提供专属服务是这类社群的基本义务。

其次，区隔和连接，形成共同价值观。

区隔对于贵族俱乐部来说很重要，没有边界就没有安全感。共同价值观形成了社群与外部的区隔，又使内部成员间的连接更加紧密。而这些区隔与连接又反作用于社群，使成员间共享的价值观更加强大。

最后，一起做有意义的事情。因为"支持某件事"，要求成员全方位地参与，或为兴趣爱好，或为一起赚钱，或为丰富生活，或为改变世界，在这种与同类一起行动中，社群人员互相赋能，共同成长，并与时代共进。

对新商业来说，这种社群的创建过程非常值得借鉴。

15.2.3 社群价值

社群有四个核心价值。

第一，安全感。为成员赋能，助其生存和成长（精神、连接、关系、利益等）。

第二，归属感。一致清晰的价值观，找到同类。

第三，获得尊重。共建社群，共同成长。

第四，实现自我。做有意义的事情。

一个人愿意加入某个社群，或许是出于心理和生理上的某种需要，或许是社群能够为他赋能，给予一份安全感；但是他之所以愿意留下来，是因为在这里找到了同类，有了归属感，当他们一起行动做某一件伟大的事情时，定义了自己，实现了自己，从而真正融入成为其中一员。

第 16 章
打造品牌 IP

品牌 IP 就是品牌知识产权，是品牌的一种无形资产。它是一个品牌所独特的标识、形象或设计、主题或故事等一系列内容，用以区分和识别某个品牌的产品或服务，它能够代表品牌的核心价值和特色，增强消费者对品牌的认知与记忆。

品牌 IP 是品牌的重要组成部分。它不仅代表品牌的产品或服务，还反映品牌的愿景、使命和价值观。一个成功的品牌 IP 能够吸引消费者的注意力，激发消费者的购买欲望，从而推动品牌的销售增长。同时，品牌 IP 也是品牌价值的重要载体，对于提升品牌知名度和塑造品牌形象具有关键作用。

16.1 品牌 IP 打造原则

16.1.1 用户导向，文化价值

企业做品牌传播时，往往是从自身出发，想宣传什么，想让消费者形成什么样的认知，然后去组织信息完成传播推广。

但是打造品牌 IP 需要从用户出发，明白他们想要什么。品牌 IP 内容要和消费者息息相关，如此才能激发他们的兴趣。

IP 要对消费者有价值，要么是有用的资讯，要么是有趣的娱乐。IP 要具备独特的文化内涵，它是对消费者有意义的，能够唤起他们的精神共鸣和心灵感动，这样才能与群体心理形成共振，变成社会流行。

很少有人知道，圣诞老人现在这个红衣白胡子的造型是可口可乐公司发明的，而过去的圣诞老人都是穿绿色衣服的。

20 世纪 30 年代，由于人们普遍认为可乐冰镇才好喝，适合夏天饮用，所以可口可乐在冬季销量不佳。1931 年，可口可乐公司聘请著名画家画出了圣诞老人的广告图，在画中，留着一把雪白大胡子的圣诞老人穿着象征可口可乐公司 Logo 的红衣服，正在偷喝可乐。

可口可乐公司不遗余力地对这个形象加以推广。20 世纪 80 年代，可口可乐公司为了进一步打开中国大陆市场，开始将圣诞老人作为一种营销方式引入中国。

红色圣诞老人不仅帮助了可口可乐的销售，而且成为全球通行的圣诞节形象。可口可乐公司在品牌传播、角色塑造中非常擅长借助文化的力量。

16.1.2　独立封装，固化仪式

一部电视剧是一个 IP，但是其中一集不是 IP。IP 应该是一个独立封装的产品。品牌 IP 应该像产品一样进行品牌化，首先得有品牌名、Logo，还要有自己标志性的特征、语言和包装等。

当前跑步热兴起，几乎每个城市都在举办马拉松赛事。但这些赛事都只是跑步，名字都只是叫作"某市马拉松"这种通用类型名，活动形式也几乎一模一样，只是举办地点不同罢了，而风靡全球的彩色跑，就有自己独特的名称、Logo 和宣传口号。这样 IP 就有了识别性，能够让消费者形成记忆。如此内容才有所依托，才可以承接粉丝。

IP 还要有一个核心的内容载体或参与形式，带给用户固定的期待、统一的体验。这个形式应该具象、实在、易感知，而且要固定，如此一来就能够让用户形成仪式感，让 IP 对用户来说变得意义非凡，不同寻常。彩色跑的核心仪式就是参与选手们会在跑步途中被从头到脚抛撒五颜六色的彩色粉末。

这种仪式体现了一种感官刺激和情绪释放，给人以自由、活力之感，它让跑步不再单调，也让彩色跑与一般的跑步活动区隔开来。因此被誉为"地球上最快乐的 5 千米赛跑"，广受年轻人的欢迎，举办的时候常常是一票难求。

彩色跑这个 IP 的打造方式就是为跑步注入了娱乐的文化内涵，为其打造

一个明确的核心仪式，然后进行品牌包装让自己变得与众不同。因此，马拉松赛事是活动，而彩色跑则是IP。

16.1.3　持续经营

好的IP需要持续经营，只有持续才能形成记忆，积累认知效应。要想持续，IP就要选择一个特定的节点，然后重复展开。

比如"双11""双12"都是时间节点的重复，变成了消费者固定的行为模式。到了这个时间点，消费者不买点什么东西总觉得不合适。

16.1.4　迭代升级

IP既要固定仪式，不断重复，让消费者形成记忆点；也要持续优化和迭代升级，不断创造新鲜感去黏住用户。

像"双11"，每年的节点是固定的，促销是不变的，但每一年的玩法、活动形式都不同。IP要在变与不变之间找到一个平衡。在保持核心形式以外，IP还可以进行更丰富的演绎，以多样化的形态进行呈现，多维度展示IP的内涵与主题，与消费者建立沟通。

16.2　品牌IP打造方式

品牌IP打造有活动IP、人设IP、作品IP、文创IP和场景IP 5种方式。

16.2.1　活动IP

很多企业一年到头都在做活动，每一个节假日，每一个电商节点，一个都不少；还有各种产品上新、用户福利，一年活动几十场。活动做得越多，但是企业品牌营销效果就会越好吗？做那么多活动，消费者真正记住并参与的有多少？大量的营销活动，对企业来说是巨大的消耗。

一场活动足以让整个市场部人员筋疲力尽。而且每次做活动，企业都要动用大量资源和费用去做曝光、宣传和推广，吸引消费者来参与活动。

但往往活动结束了，参与活动的消费者就消失了，效果没有沉淀和固化下来。等到下一次做活动，上述流程动作又要从头再来一遍，如此循环往复。

其实企业活动应该追求的不是数量，而是质量。要把活动当成品牌固定的 IP，不断重复，让它变成企业私域的营销阵地，形成不断扩散的品牌效应，所以打造活动 IP 是品牌传播的良好做法。

16.2.2　人设 IP

人设 IP 就是为品牌打造具体的人物角色，常见以下几种。

1. 广告角色

人设 IP 可以是品牌的实体化，比如麦当劳叔叔、江小白；可以是典型消费者的化身，如万宝路牛仔、欧仕派的健壮男人等。

2. 品牌吉祥物

品牌吉祥物是品牌营销战略中的重要组成部分，旨在提升品牌识别度，与消费者建立情感联系，并直观传递品牌价值观。

品牌吉祥物具有独特的设计和鲜明的个性，能够迅速吸引消费者的注意，并在消费者心中留下深刻印象。这些吉祥物通常具有人性化特征，能够引发消费者的共鸣，增强对品牌的好感。此外，作为品牌传播的焦点，吉祥物还能提升营销活动的参与度和影响力，为品牌带来广泛的市场认知。

如招商银行"招小喵"、三只松鼠的"鼠小贱""鼠小妹"和"鼠小酷"、天猫的"招财猫"等。

3. 虚拟形象

虚拟形象是一个虚拟的人物、动物、物体或场景，具有独特的外表、行为和性格。虚拟形象可以根据设计者的想象和需求进行创作，具有较强的表现力和互动性，可以被用于多种应用场景。如哈尔滨啤酒的"哈酱"、麦当劳的"开心姐姐"、花西子的"花西子"等。

4. 自媒体人设账号

对于经营自媒体和私域来说，人设 IP 是一个非常好的选择。比如完美日记的"小完子"。完美日记注册了几百个个人微信号，账号统一都叫小完子，头像是一名真人少女，她的朋友圈会分享真人自拍、个人生活记录和美妆技巧等，让用户感觉真实、亲切、可信。

完美日记用小完子来做私域运营，加消费者好友并建立沟通，而且小完子还有自己的漫画形象，拥有自己的小程序"完子说"和微信群"小完子完美研究所"，因为小完子IP运营的成功，完美日记还专门为她打造了子品牌"完子心选"。

5. 把老板变成网红

要打造创始人个人IP，关键要围绕其经营内容、语录、演讲、日常生活分享等，而且老板自己要深度参与，如雷军、董明珠、马斯克等人。

16.2.3　作品IP

广告传播是企业花钱请消费者看，而消费者不一定愿意看；而内容则是消费者愿意主动观看，甚至愿意掏钱看。

如果企业能够将广告变成作品，那么它就能发挥更大的效力。像百事公司每年春节营销固定的IP"把乐带回家"，就是集合百事旗下各个品牌的代言人，共同拍摄一部走温情搞笑路线的贺岁微电影，时长在20至40分钟。至今已坚持10多年，俨然是百事的年度大戏。

除了这些影视类作品以外，还有文字类作品。在这个互联网和短视频的时代，越来越多的品牌开始扎堆做杂志。

例如2020年10月，星巴克推出了一本限量版杂志《豆子的故事》，分享了8个有关咖啡豆种植、烘焙、调制、创作的故事。

不管是品牌方推出的电影短片、综艺节目，还是杂志，都可以成为作品IP，寻求与用户的沟通。

16.2.4　文创IP

文创IP要求企业从物料赠品思维转向内容产品思维。企业在做推广时，会使用大量物料和赠品，但这些东西只对企业有价值，对消费者则没有什么价值。赠品的确会影响消费者的购买决策，但只有在不花钱的情况下对消费者才有一点吸引力。

而内容和产品对消费者来说是有价值的，所以他们才愿意消费、愿意买单。IP是价值创造，当企业开始思考一个小礼品如何给顾客创造价值时，就走在了正确的道路上。很多品牌在促销时会送杯子,比如牛奶、咖啡、麦片等,但是多数水杯只是一个盛水容器,没有任何设计感,杯子上还印着硕大的品牌 Logo。

反观星巴克,把杯子做成了一门大生意。星巴克的城市杯自 1994 年推出以来,已经火遍了全世界。只要一座城市有 10 家以上星巴克门店,就可以发售城市杯。星巴克城市杯将每个城市的经典风景、建筑或风俗人文等特色元素融入杯身,再配上城市名称,有手绘、浮雕等各种风格。

对很多人来说,每到一个城市就买一个当地的城市杯,再手持这个杯子来一张打卡照,这成了一项旅行任务,城市杯承载着个人的记忆和情感。因此星巴克在全世界催生了无数收藏爱好者,以集齐星巴克城市杯为乐,并且和其他杯友分享、交流、交换杯子或者二手交易,很多较为稀有的款式在网上售价不菲。

星巴克城市杯每个系列都有马克杯、随行杯和保温杯 3 款。除了城市系列以外,还有很多其他系列的款式。

企业营销中使用的任何一种物料,只要融入好的内容,像产品一样持续去运营、去演绎,都可以成为好的文创 IP。

16.2.5 场景 IP

目前流行打卡文化,越来越多网红店涌现。一家店只要有亮点、有话题性,就会吸引自媒体和网红打卡,帮助店铺带来免费的流量,成为场景 IP。

对品牌方来说,很多产品的展示和销售都可以在线上完成,但要想让消费者充分感受、体验品牌,则离不开线下展示和体验。因此,有必要将门店当成一个场景 IP 去运营,场景 IP 是连接,是实体消费场景,它配合线上给消费者创造全场景的品牌体验。

如今已经有越来越多的品牌,对门店的功能和存在价值进行重新定义、重新设想。例如蔚来的门店,是生活方式展馆和用户社交的沙龙会所;喜茶的黑金店,是灵感之源,给消费者创造惊喜和新鲜感。

线下场景不应该只是销售渠道,而应拥有制造品牌体验、黏住顾客、带来顾客持续参与、发起传播和扩散内容的复合功能,成为企业的品牌场景 IP,

从而给企业带来额外收益，摊平门店成本。

16.3 品牌 IP 设计

品牌 IP 有助于传递品牌价值，提升品牌知名度，通过多元化的品牌形象与用户建立情感上的潜在联系。那么，品牌 IP 形象应该如何设计？

IP 形象作为具象化的产物，容易在用户心中建立深刻的品牌形象，扩展品牌线上线下多场景的影响力。当 IP 形象能够做到足够招人喜爱时，就会有超越品牌的个性魅力，从而反哺品牌，吸引更多用户，驱动营销的升级。

16.3.1 设计目标推演

品牌 IP 的打造要实现业务目标和设计目标的统一性，业务目标有品牌感知、年轻化和助力商业变现，而设计目标为超级符号、情感化设计、延展性。品牌 IP 打造的方法分为打造快速记忆图形、洞察心理契合点和多维度匹配设计 3 部分。如图 16-1 所示。

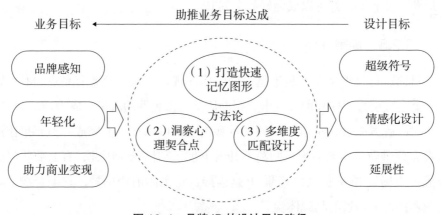

图 16-1 品牌 IP 的设计目标路径

16.3.2 品牌 IP 分析

剖析竞品或优秀品牌 IP 设计的底层逻辑，找到切入点作为抓手，建立框架后深入设计。

IP 形象要与品牌承接，必须契合品牌定位。风格表达要符合时代潮流趋势与消费者的审美视觉契合。好的 IP 形象本身就带有一定的故事性，便于用户了解品牌的价值观。后续可进行二次创作，发展 IP 形象的周边产品，形成一定的文化氛围。

进一步剖析文库品牌，细化需求，可以从以下四点着手设计。

第一，文库价值观：让每个人平等地提升自我。

第二，完善 IP 形象的性格特点。

第三，设定完整的品牌故事。

第四，选择适合的风格表达。

四个方面相互呼应，互为支撑。

16.3.3　形象概念设定

IP 形象的塑造直接影响着品牌形象，虽然 IP 形象并不完全等同于品牌形象，但是企业期望向用户传递的某种个性化特征可以通过 IP 形象体现出来，IP 对于品牌形象是可以起到一定的促进作用的，每一个人格化的 IP 形象都可以吸引某一个相应特征的人群。

挖掘探索各种可能性，进行逐个衡量、推演讨论，初步选方向，主推其一，按照设计思路进行不断调整和优化。

16.3.4　价值观

IP 角色所传递的精神内核是企业和品牌价值观的直接体现，品牌通过 IP 价值观的输出可以逐渐占领用户的心智，当用户需要什么产品时，会不自觉地想起某个品牌，激发用户把购买行为由需要转变为热爱。

不管是品牌故事还是角色形象，IP 形象的输出都要通过价值观去感染用户，例如锤子所提倡的工匠精神。

16.3.5　IP 内容延伸

品牌 IP 化的本质就是"讲好一个故事"。IP 就像一个生命体，不停地输出新内容，与时俱进，不断地呈现丰富的个性魅力，IP 内容的丰满程度也影响着品牌形象的活力值。因此，IP 内容必须持续不断地输出，很多品牌 IP 化失败就在于内容的缺失。没有内容的支撑，IP 形象便缺少了话题传播的介质，失去谈资的 IP 是不会成功的，可以说内容是 IP 的血与肉。

第五篇
品牌升级

品牌升级不是大品牌的专利，所有的大品牌都由小品牌不断升级进化而来。

品牌升级可以提升企业的品牌形象，使其更具辨识度和吸引力。

品牌升级可以帮助企业在市场竞争中保持优势，提升品牌形象和价值，拓展市场份额和提高消费者忠诚度，同时满足消费者的需求和期望。

第17章
品牌升级认知

品牌在经营过程中会遇到很多新课题，比如业务和产品结构的调整，市场和目标用户的变化，而品牌建设这时也要相应地进行调整，以适应这种变化。

随着技术的进步、消费观念的进步，企业必须不断升级换代自己的产品或开发新品类产品，企业总是希望根据市场和产品提升自己产品的价格，技术升级了，品质升级了，品类升级了，价格也升级了，那么品牌在无形层面的价值和形象上也要跟着升级。

此时，很多企业为了获得更高的增长，往往会开发更多产品、覆盖更多品类、开展多种业务类型、切入更多细分市场。产品线延伸了，业务多元化了，这时企业也需要对品牌内涵和理念、对消费者的品牌认知进行升级。

🔧 17.1 品牌升级内涵

很多企业在创业之初，并未对品牌进行系统规划。甚至，有的企业连最基础的 Logo 都很简陋、粗糙，没有进行专门设计；产品包装设计五花八门，多种色彩、版式、图案并存；各种视觉形象没有遵循 VI 要求进行延展，缺乏统一的视觉语言；没有明确的品牌核心价值、使命愿景等，在宣传推广上缺乏连贯性，经常变动产品卖点和诉求主张。这都是品牌初创期普遍存在的问题。

当然它也不一定影响企业存活，不过等企业解决了生存问题，做到一定规模时，这些问题就会开始制约品牌的发展。

品牌升级由特定的课题所推动：一是为了卖得更贵，进入更高端的市场；二是为了卖得更多，进入更大的市场；三是为了拓展新业务，原有品牌限制了新业务发展。只有带有核心目的，那才是真正的升级。

产品要想卖得更贵，有的企业选择直接涨价，比如茅台等高端白酒，以及不少奢侈品牌会如此，但这要求企业产品和工艺具备稀缺性、不可复制性，大多数企业无法模仿。

有的企业会选择打造一个全新的品牌，以专门针对高端市场，吸引高端人群，比如海尔推出卡萨帝、丰田推出雷克萨斯等。传统企业常会采取这一做法，这是为了避免影响其原有品牌占据的大众市场，并规避原品牌形象亲民廉价大众化、无法背书高端的问题，所以用推新品牌来解决。

还有的企业则选择在其原有品牌基础上做升级，一边推出更高价位的高端产品线，一边拉升品牌形象和价值。

这两种情况可以统称为品牌高端化，实质上就是通过价位提升实施品牌升级。

不管是升级品牌，还是打造新的高端品牌，企业要想把产品卖得更贵，不仅仅是产品层面的宣传要更新，比如更好的品质和功能、技术和原材料，品牌层面也要进行配合，更要让消费者感受到升级感、高级感、优越感，品牌值得卖更贵的价格。

除了价位的提升，还有业务的扩张。比如滴滴，一开始做的是打车业务，所以在 2014 年 5 月品牌正式定名为滴滴打车。

随后，在 2014 年 8 月上线专车业务，2015 年 5 月开始运营快车业务，2015 年 7 月开始测试拼车系统。业务扩大了，所以滴滴打车在 2015 年 9 月正式更名为滴滴出行，并且调整了品牌 Logo，从一个粗糙的出租车卡通图案，变成了一个旋转 90° 的字母 D。

目前，滴滴旗下除了出行业务，如出租车、快车、专车、顺风车、远途拼车、单车、租车、货运等以外，还依托出行业务涉足了加油、快递配送、金融、无人驾驶和云计算等业务。

而且，滴滴旗下还有 3 个业务子品牌：礼橙专车、青菜拼车、青桔单车。2021 年 5 月，滴滴为简化消费者选择、降低认知成本，又放弃了其中两个子品牌，重新更名为滴滴专车和滴滴拼车，这就是多品牌战略的变化。

如果只做打车业务，品牌诉求可以叫作"便宜叫车快"，现在品牌诉求变成了"滴滴一下,美好出行""择善而行""认真对待每一程"等,做更多品牌理念和价值观层面的沟通。

品牌升级的直接推动力,就是价格升级和业务升级。价格提升了,则品牌价值和形象就要相应往高端走;业务扩张了,则品牌内涵和外延覆盖得就更宽。

17.2 品牌升级动力

品牌升级的动力一般分为业务增长的需要、品牌高端化升级或品牌价值的提升 3 种情况。

17.2.1 业务增长的需要

获得增长的途径要么是卖得更贵,要么是卖得更多。尤其当一个企业做大做强、步入成熟期后,想要继续获得增长,找到第二增长曲线,往往是切入更多细分市场、高中低价格带全占据,实施品牌延伸、多元化扩张几乎是惯用做法。

中国经济经过多年发展,很多行业已经通过产业转型升级实现从规模性增长向结构性增长转变。所以,今天很多行业都正在经历着跟随产业的转型升级走向企业的转型升级,产品向更高端化发展,从而带动品牌升级的需求。

1. 产业升级需要品牌升级

对于头部企业来说,领导者必须不断升级,带动行业发展,否则就会遭遇挑战甚至被后进者击败。

例如 2022 年 9 月,生产酱油的 A 公司遭遇品牌危机,有自媒体质疑 A 公司在国内和海外市场"双标",在国内售卖普通酱油,在海外售卖零添加酱油。

其实 A 公司在国内也卖零添加酱油,但没有进行大规模推广宣传,很多消费者并不知道,A 公司在人们心目中还是传统酱油形象,于是这就成了 A 公司不给国人提供健康好产品的"罪状"。

民众的消费观念在进步，健康意识不断增强，越来越多的人开始认同配料表里仅有"水、黄豆、小麦、食用盐"的酱油才是好酱油。那么即使没有这一场舆论危机，A公司在未来也会具有产品升级、品牌升级的客观需求。

2. 新技术呼唤品牌升级

新技术和新产品的出现，往往会创造全新的品类，进而带来整个市场的重构。比如，从味精到鸡精，从洗衣粉到洗衣液，从传统相机到数码相机，从功能机到智能手机。如果企业不重视技术创新和应用，那么就会把市场主导地位拱手让人，因为消费者在考虑不同品类时，常常会选择不同的品牌。

企业尤其是领导企业必须紧跟产业转型升级的节奏，实现企业的转型升级和产品的升级，占领未来市场。

17.2.2 品牌高端化升级

对于初创企业来说，发挥企业的优势，聚焦高价值人群，打造高端品牌是自身生存发展的一个重要选项。

迈克尔·波特教授认为，一个企业有3种基本的竞争战略：总成本领先、差异化和聚焦。对于大企业来说，其品牌知名度高、铺货渠道广、用户基数大、销量高、技术创新能力强，因而具备规模效应，能够形成成本优势，小企业想要跟它们拼价格很难成功。

因此，对于小企业来说，最好的市场策略就是聚焦特定人群，提供差异化价值。而提供差异化价值，意味着投入更高的成本，不论是原料、人工还是服务。高成本意味产品高品质，高品质意味着高定价，锁定高端用户就成了一个必然的选择。

高端用户的价值不仅在于购买力，也在于更大的社会影响力和消费示范作用，他们能够为品牌建立势能、创造口碑和社会关注。有很多品牌在创立之初，都是先在一个小圈子里进行渗透、形成人气，然后再借助这群高势能天使用户逐步扩散开来的。

17.2.3　品牌价值的提升

产品价格的提升，往往是由技术的变革、品类的更迭所带来的，但归根结底是由消费升级所推动的。消费者为了享受更优质的产品和服务，获得更多愉悦和心理满足，实现更加美好的生活，选择更高级的品牌，这是品牌升级的根本动因。

消费升级是什么？一般指从功能到情感、从品质到精致、从需要到想要、从从众到出众 4 个方面。

首先，消费者开始追求体验消费。消费者购买产品不只关注产品的物理功能、产品带给自己的最终结果，更在乎产品使用过程中带来的感官享受和心理愉悦。

其次，消费者通过消费表达自己的审美偏好。产品不只是品质过关就可以了，还要有设计感，有美学风格，有文化内涵。

再次，消费者日渐关注精神需求。消费者购买产品不只是为了满足自己的物质生活需要，而且要满足自己的精神需要，为个人兴趣买单，为理想生活和自我实现买单，对于不符合消费者自我形象、个性、态度和三观的产品不购买，不认同的品牌不购买。

最后，消费者渴望自我表达。当前的消费已经从过去的追逐流行、服从权威、大家买什么我就买什么的从众心理阶段，进化到追逐个性、表现自我，甚至是大家买什么我就不买什么的阶段。

过去消费是为了与他人保持一致，今天消费是为了与众不同。

基于这种消费升级的理念，在品牌建设方面，一是要注重消费者感受，实现从功能到情感、从品质到精致的品牌溢价；二是要赢得消费者的认同，实现从需要到想要、从从众到出众，提升品牌的忠诚度。

品牌升级，就要研究消费特点和消费趋势，以体验为中心，创造顾客感受和心理满足，并为品牌注入更多文化价值，赢得消费者的认同。

17.3 品牌升级内容

品牌需要一些背书资源来证明品牌的价值感和升级感，品牌的各种形象要匹配、符合品牌升级的要求。

17.3.1 升级的核心是体验

品牌升级要从用户体验出发，不管是技术提升还是产品迭代升级，关键是要让消费者感受到产品价值，感受到产品与传统产品、其他产品确实不一样了，感受到品牌形象和档次焕然一新了。如果消费者感受不到升级感，空喊口号是打动不了用户的。

例如，30多年前我们炒菜都要用味精，后来大家开始用鸡精，2002年鸡精品牌太太乐牵头起草了中国鸡精调味料的行业标准，成为鸡精的领导品牌。

从味精到鸡精，这就是一个典型的品类升级，而且消费者确实能感受到升级。首先，鸡精作为复合鲜味料，在鲜度和口感上全面优于味精，而且鸡精这个名字和产品形态、色泽都给人感觉是由鸡肉制作，更健康、更营养、更安全，于是消费者普遍接受鸡精是味精的升级换代产品。

品牌升级要以体验为中心，体验让产品价值具体可感，让消费者深有体会。消费者购买一件产品时，首先追求的是基本的功能满足，并以合理的价格来获得这份功能，这就是性价比。

在性价比之上，消费者会关注价值感，价值感的核心是差异化，如果产品有所创新，与竞品相比有独特之处，有了差异就会产生价值感。

在价值之上，消费者开始追求体验。体验包括了全过程，消费者在使用产品整个过程中的经历与感受，比如购买决策过程是否便捷，配套的服务如何，消费环境如何，产品本身的使用方法及易用性、耐用性如何。

体验包括全维度，包括产品带来的感官享受，如产品设计、产品的气味和质感等；产品带来的心理满足，产品引起消费者什么情绪反应，如何关联并影响消费者的社会关系；产品创造的文化故事和意义，能否成为消费者形象和身份的象征等。

性价比是大众化的，价值感是个性化的，体验感是全身心的。

现在的消费者愿意为一些体验的改善而接受更高的价格。比如从普通牙刷到电动牙刷，二者都满足把牙齿刷干净这一功能需求，但电动牙刷更便捷、更省力省心，更能让人感受到愉悦，感受到精致的生活方式和自我形象，因此很多人愿意把几块钱的普通牙刷，升级成几百块的电动牙刷。

技术和品类的进步能不能被消费者所接受，并且能否卖上高价，关键在于是否给消费者提供了更优质的、更切实可感的体验。过去品牌升级主要是技术主导下的品类升级，现在则是消费升级带动的体验升级。

高端品牌的核心，一是要有高级的精神内涵，开创性的想法和独特创新；二是能提供超越期待的全程体验。

17.3.2　注入文化价值

很多人认为，要打造高端品牌，只要用料更好一点、品质更高一点、包装更好看一点就行。其实这是远远不够的，视觉升级只是表面功夫，技术工艺更好地让消费者体验到才行，此外品牌还要融入情感个性、文化内涵，赢得消费者认同。

近年来一些成功的新品牌，普遍为品牌注入了文化价值。

例如在美妆行业，花西子诉求"东方彩妆，以花养妆"，在产品研发、营销推广上主打国风路线；观夏将自己定义为"东方、人文、艺术、香气"的生活方式品牌；半亩花田则在讲述"探索中国特色植物成分，倡导肌肤与自然对话，开启东方诗意慢生活"的品牌故事。

在冷饮行业，两个高端雪糕品牌钟薛高和须尽欢，都在利用传统文化、东方美学来开发产品、丰富品牌内涵。

不管是美妆、服装、食品饮料，这些新品牌不断为品牌注入东方文化、自然主义、自我成长等文化价值，借此构建品牌差异化，提升价值感，并吸引新时代消费者。

17.3.3　背书资源的支撑与辅助

从品牌自身和内部而言，品牌升级要强化体验并融入文化价值；从外部而言，品牌还要通过背书资源来支撑并证明品牌升级，比如与公认的高端品牌进行跨界合作，聘请更大牌的代言人，或者使用更高级的技术和原材料等。

例如，某牛奶公司为了进入超高端牛奶市场，推出了单价10多元的牛奶产品，与特仑苏、金典等成熟大品牌竞争。

在广告传播中，该公司大力宣传"喝不惯普通牛奶，就喝A2β-酪蛋白纯牛奶"，将自己与普通牛奶拉开差距。但是，光说品质更高、原料更好是没有用的，消费者看不见，而且"A2β-酪蛋白"这种专业术语和产品成分消费者听不懂，甚至不会念。

升级需要可视化，让消费者看得见。所以该公司选择了用娟姗牛来做背书。娟姗牛源自英吉利海峡杰茜岛，是全球产奶品质最好的奶牛品种之一，与国内大多数牛奶使用的荷斯坦黑白花奶牛相比，娟姗牛产的奶乳蛋白含量更高，但是产量极低，在全球占比仅有1%。因此，娟姗牛奶因其高营养价值和稀缺性，在欧洲过去近200年来，一直是专供皇室的牛奶。

在包装设计上，该公司将娟姗牛直接印上产品包装盒，并给牛戴上欧洲王室成员在重要场合佩戴的礼帽和绶带，用象征贵族血统的蓝色作为标准色，以及贵族服饰中常用的鸢尾纹样作为辅助图形，这是通过可见的娟姗牛背书，来证明品牌的高端。

17.3.4　品牌形象匹配

在品牌升级时，品牌形象要配合品牌升级的营销推广。品牌已经升级，消费者对品牌形象的感知也要匹配。

要使消费者感受到品牌的高端，首先产品形象要高端，在产品的功能、品质、设计、包装上不断优化。很多品牌实施品牌升级，往往是先推出更高端的产品线，或优化产品组合。

宝洁旗下的护肤品牌OLAY玉兰油年销售额超过25亿美元，在全球面部护肤品市场拥有8%的份额，是一个强势品牌，但自2010年被消费者贴上"妈妈品牌"的标签后，玉兰油的销售额开始逐年下滑。2016年，玉兰油开始实施品牌重塑，而重塑的方向就是聚焦高端，提升品牌在消费者心目中的价值感知。

玉兰油做了两件事。第一，砍掉 20% 的产品，精简产品线。玉兰油将品牌重新定义为抗衰老的护肤品牌，凡是不符合此定义的产品、廉价的产品、销量不佳的产品全部砍掉，并且大量换用玻璃瓶装，提升产品档次，摆脱过去廉价的形象感知。第二，关闭在中国 30% 的线下专柜，将那些低端的、不盈利的、五花八门的专柜一律关闭，升级有潜力的专柜。

　　产品和终端门店的专柜是消费者最常接触品牌的触点，因此品牌升级首先要确保让消费者感受到品牌形象焕然一新。

　　在品牌高端化的举措中，强化用户体验是中心，强体验让品牌价值显性化、可视化，文化内涵的注入和背书资源的使用给品牌升级插上翅膀，能赋予品牌以附加值，文化内涵还能建立粉丝群体和用户圈层，而背书资源则让品牌升级有形、可信。

第18章
品牌重塑

企业和人一样，也有自己的生命周期。企业到了中后期，业绩下滑，品牌的竞争力和魅力不再，这时想要重新吸引消费者，必须进行品牌重塑，挖掘品牌的新价值，提升关键品牌资产。

此外，企业由于原有业务的衰退和局限，在经营过程中也会实施战略转型升级，从原有的业务单元跨入陌生领域，或者实施多元化战略，扩张到多个产业板块。这时企业也需要重塑品牌，调整品牌内涵与形象，以配合业务的转变。

18.1 品牌评估

品牌评估的内容主要包括4个方面，分别是品牌历史表现回顾、品牌健康度现状分析、品牌战略探索、品牌发展方向。

18.1.1 品牌历史表现回顾

回顾该主品牌发展历史和表现，可帮助企业内部尤其高层就品牌建设的起点达成信息对称和共识，结成统一战线。

这部分的研究工作主要采用案头研究的方法，研究内容主要包括品牌发展历程的梳理以及该企业当下品牌表现。前者的信息来源包括主品牌同步的相关历史资料、官网、互联网媒体文章等，后者的信息源则是品牌资产研究数据库，以及全网范围内该企业的网络口碑数据。

在该企业的品牌发展历程梳理中，详细呈现了该企业在不同发展阶段的品牌表征、品牌使命、品牌沟通策略的变化。

以某电视企业为例，在主品牌表现部分，对 TV 多媒体、通信、家电产业分别进行评估，其中品牌资产评估用的是品牌资产研究数据库，营销效果用的是网络口碑数据。

从品牌资产表现来看，该主品牌历史上积累了一定的资产，但近几年呈下降趋势，已由过去的强势品牌，衰落为大众品牌。

在营销效果方面，该企业投放正从主打体育向主打娱乐转变，而从网络舆情的数据来看，该企业网络声量有限，"TV+冠名赞助"的认知度低。

18.1.2　品牌健康度现状分析

在做品牌历史表现回顾的研究时，就已经同步开展品牌健康度研究的设计和调研执行工作了。这部分研究内容的目标是量化该企业及竞品品牌的健康度，找到品牌存在的问题点。

在研究方法方面，定量和定性研究相结合。评估品牌健康度的指标主要包括品牌知名度、渗透率、转化率、品牌力、品牌形象、个性。

评估的对象包括该集团主品牌以及 TV 多媒体、通信、家电（冰箱、洗衣机、空调）3 个产业的子品牌。

在集团主品牌的表现方面，该企业知名度很高，有不错的渗透率，但目前经常使用的转化比例较低。

品牌力方面，该主品牌力弱于苹果、三星、海尔、美的、格力品牌，主要问题在于活跃度和差异化不够，尤其是在通信及家电产业。

从品牌形象和个性角度看，该企业集团品牌形象较大程度上弱于三星和海尔。3 个品牌中，三星建立起了"时尚""有创造力""大气"等积极的品牌个性感知，其他品牌在个性上没有差异，"简单的""传统的""务实的""低调的"品牌个性对品牌建设并无益处。

18.1.3　品牌战略探索

品牌活跃度和差异化不够，其背后反映出来的根本问题其实是目标定位人群不清晰，媒介策略和沟通内容效率不高。人群细分研究就是为了解决这个问题。

1. 市场人群细分

人群细分的维度是基于消费者对消费电子产品的个人需求（个人对电器的态度）和社会需求（个人与群体间的关系）两个基础维度划分的。

在个人维度上，"积极关注科技方面的领先技术，乐于尝试体验新奇的功能"和对消费电子产品的选择"喜欢听从他人的选择推荐，基本的功能就能满足需求"是两个典型的诉求。

在社会维度上，观察到两种不同的人群特征。一类人群"关注群体的生活，希望能够通过电器拉近个人与群体的关系，从属于一个群体"；另一类人群"希望跳出群体、展现自我，更关注电器使用过程中自我内心的感受或希望自己的选择可以获得群体认可"。

基于这两个基础维度，结合研究洞察，最终将消费类电子市场人群细分为科技探索型、社交娱乐型、关爱家人型、实用型、科技掌控型、品质享受型6类，如图18-1所示。

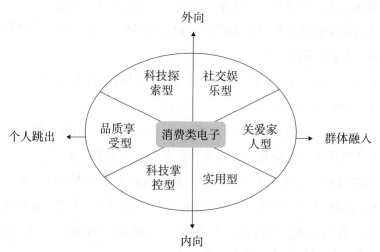

图18-1　消费类电子市场人群细分矩阵

（1）科技探索型的特点：

关注流行事物；

追求新鲜刺激的全新感受；

勇于尝试；

在意产品的科技感。

（2）社交娱乐型的特点：

喜欢群体活动；

享受与别人的互动；

乐于参与，喜欢与人分享；

心态年轻、无忧无虑。

（3）品质享受型的特点：

乐于享受；

注重生活品质；

希望电器能帮助减轻生活负担。

（4）关爱家人型的特点：

脚踏实地；

关注家庭的需求和想法；

倾向于在权衡各方面后作出均衡的选择。

（5）科技掌控型的特点：

成熟理性，逻辑性强；

行事有条不紊，一切尽在掌控；

在作决定之前会深入全面了解；

熟悉相关信息，作出最合理的选择。

（6）实用型的特点：

对物质和生活品质要求不高；

容易满足；

对自己的选择没有信心，作决定前会多方征求意见；

相信被广泛认可的产品；

价格敏感度较高。

2. 目标人群定位

人群细分后，如何找到该企业的目标定位人群？主要从市场规模、市场竞争等角度来展开综合评估。

（1）市场规模分析。

从市场规模分析，按照平均花费和家庭月收入两个指标建立矩阵分析模型，对人群进行分类分析，分为实用型、关爱家人型、社交娱乐型、科技探索型、科技掌控型和品质享受型 6 类，如图 18-2 所示。

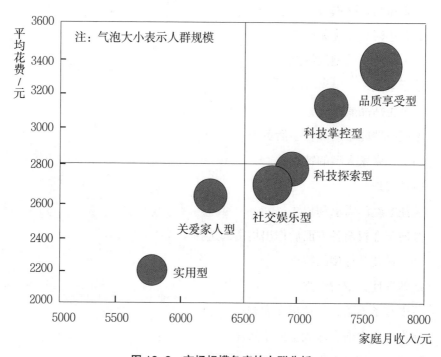

图 18-2　市场规模角度的人群分析

从矩阵中可知，品质享受型、科技掌控型、科技探索型、社交娱乐型 4 类为高价值人群。

从现状看，该集团用户以实用型、关爱家人型为主，是现有主要市场，品牌建设需要尊重这两群人的需求；随着多媒体产业的发展，社交娱乐型的用户中已经在迅速增长。如图 18-3 所示。

（2）市场竞争分析。

从竞争看，众多国产品牌的产品占据着实用型人群，并且竞争非常激烈，人群的价值低；而品质享受型和科技探索型高价值产品则被苹果等国外品牌占据，因为该企业处于实用型的大众化位置，未来战略需要向高价值的科技掌控型和社交娱乐型人群进军。

品牌类型	集团占比	多媒体增长率	通信增长率	家电增长率
品质享受型				
科技掌控型				
社交娱乐型				
科技探索型				
实用型				
关爱家人型				

图 18-3　该集团现有产品的分析

结合该集团的愿景及能力，可以从实用型、关爱家人型人群，向竞争相对较弱的品质享受型、科技掌控型、社交娱乐型、科技探索型人群进行突围。但是科技掌控型人群偏向内向，与外向型人群的品牌形象个性冲突，品质享受型人群倾向外资品牌，短期争取的难度很大。

考虑现阶段该企业主要市场为实用型、关爱家人型，品牌建设需要尊重这两群人的需求，同时品牌可向科技探索型、社交娱乐型的中高价值人群延伸，获得高溢价及更好的品牌形象，如图 18-4 所示。

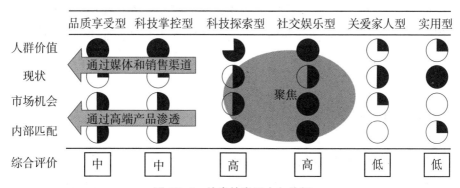

图 18-4　外来的发展方向分析

18.1.4　品牌发展方向

确定人群策略后，品牌建设也有了清晰的阶段性目标，由实用型和关爱家人型向科技探索型和社会娱乐型转变，人群需求由踏实、安心、关爱向好奇、探索、释放方向转变，同时结合每一类人群进行功能需求和情感需求的挖掘，可以为产品开发和营销沟通提供方向。

品牌老化是因为与消费者的沟通有了断层。市场和人群需求是不断变化的，当变化发生后，以往的品牌策略就会失效，进而造成品牌心智下降，所以定期通过调研重新对目标市场的人群进行描绘和细分定位，是非常必要的。

企业的商业决策要建立在市场调研和数据基础上，从消费者真实需求出发，而不是经验主义。

在市场上，各种普通的产品种类很多，让人选择困难。但是，品牌的特质可以帮助消费者减轻选择的压力和减少风险。品牌不仅在识别方面有用，还是确保竞争优势的有力工具。

品牌重塑主要有品牌强化和品牌激活两种方式。

首先是不断进行品牌强化。只有通过营销活动持续向顾客传递品牌含义、品牌认知和品牌形象，才能使品牌得以强化。

每天、每周、每月、每季度、每年，我们都要反省：我们已经做了什么去创新我们的品牌和营销，并使它们之间更加有关联性？如果对这个问题回答不明确，后果会很严重。

18.2　品牌内容重塑

很多曾经令人称赞的品牌都陷入困境，甚至完全消失。要激活一个品牌，要么重新抓住失去的品牌资产来源，要么重新确认和建立新的品牌资产来源。通常有 3 种可行的方法。

18.2.1　识别目标市场

针对关键的细分市场采取行动，并作为品牌振兴战略的一部分：保留容易流失的客户，夺回流失的客户，识别被忽视的细分市场，吸引新客户。

为了扭转销售状况，一些公司会错误地首先集中在追逐新客户，这是最危险的选择。如果失败，会导致不能吸引新顾客，更严重的是流失原有的顾客。

为了避免这种双重打击，面对销售下降的状况还能够保持平稳，最好是尽量阻止侵蚀，确保在寻找新顾客之前不要再流失原有的顾客。那些留住原有顾客的营销努力也能帮助品牌重新夺回那些原本使用这个品牌的顾客。这也意味着使消费者记起他们已经忘记或快要忘记的品牌。

18.2.2　品牌重新定位

在不考虑目标市场细分的情况下，品牌重新定位需要建立更多引人注意的差异点。存在多年的传统品牌尽管值得信任，但可能会让人觉得没有意思，不讨人喜欢。因此，需要对品牌进行重新定位。

18.2.3　重塑品牌元素

由于产品或营销方案的某个方面已经发生变化，因此常常需要改变一个或多个品牌元素，以便传递新信息或者表明品牌已经具有的新含义。品牌名字一般都是最重要的品牌元素，也是最难改变的。其他品牌元素比较容易改变，而且可能也需要改变，尤其是当它们发挥着维持品牌知名度和形象的重要作用时。品牌化原则有以下两点。

1. 使用独具特色的品牌元素，能增强品牌认知和品牌形象

设计具有创造性的推式和拉式策略，以吸引消费者和其他渠道成员的注意力。这是对有限预算的一个挑战。如果没有强大的拉动活动引起消费者对产品的兴趣，渠道成员就不会有足够的动力进货并支持这个品牌。同样，如果没有强大的推动攻势说服渠道商认识产品的优点，产品也将得不到足够的支持。因此，创造性的推式和拉式的营销活动能增加品牌的可视性，让消费者和渠道商都有意识谈论和关注我们的品牌。公关活动、赞助、主播带货也是相对较快的提高品牌认知和品牌形象的方法。

2. 尽可能多地利用次级联想

利用任何可能增强品牌联想的元素，例如颇受关注的位置、知名的顾客或与声誉相关的奖项，这些尤其有助于彰显出产品质量或产生消费者信任感。同理，如果要使公司看上去比实际规模"更大"，一个设计良好的公司网站将起到巨大作用。

18.2.4　品牌重塑提示

第一，重塑前，品牌需要对升级重塑有整体认知和心理预期。最核心的是需要搞清楚为什么要升级。

第二，升级中要有明显的差距。目标和方案会决定我们需要达到的呈现标准。对用户来说，这其实不亚于一个新品牌的面世，因此品牌升级需要有立竿见影的效果。

品牌重塑升级虽然不是推翻重来，但对绝大部分的重塑来说，如果只比原来好一点点，是不够的。往往只有大品牌的升级，才会看起来像没升级，因为它们本来就已经很好。

18.3　品牌激活

品牌重塑后激活是将新品牌内核转化为用户可感知、可参与、可传播的体验，避免"换标即结束"的误区，真正实现品牌资产增值。

18.3.1　品牌认知刷新：从"告知"到"共鸣"

1. 超级事件引爆

（1）仪式感发布。

线上可开展虚拟发布会，如举办品牌重生主题展。线下可利用地标建筑投影点亮新品牌的新 Logo，展示品牌历史与未来。

（2）争议性话题设计。

主动设置讨论点。

2. 多媒介饱和攻击

重复强化视觉符号,所有触点高频次露出新视觉体系,如 App 开屏页、产品包装、员工工牌等;也可以通过跨圈层的内容渗透,如表 18-1 所示。

表 18-1 跨圈层的内容渗透策略

圈层	策略	案例
大众媒体	央视 / 商业电视广告 + 地铁灯箱	美团黄统一线下门店与线上视觉
垂直社区	B 站深度测评、知乎品牌故事长文	观夏在一条 App 讲述东方香氛文化
社交平台	抖音挑战赛、小红书关键意见用户的体验日记	完美日记"动物眼影盘"仿妆大赛

18.3.2 用户关系重建:从"旁观者"到"共建者"

1. 老用户情感迁移

怀旧营销:推出限量复刻产品,如可口可乐经典弧形瓶、发布品牌历史纪录片,建立"变与不变"的平衡感。

会员特权升级:为忠诚用户提供优先体验权,如蔚来车主优先参与新车体验活动;定制化服务,如 LV 客户专属旧包修复。

2. 新用户低门槛转化

体验型产品:推出小规格尝鲜装、免费试用服务。

社交货币设计:创造可分享的品牌互动,如奥利奥定制填色包装、喜茶的姓氏徽章。

3. 社群共创激活

用户生成内容池:发起品牌主题挑战,如某品牌的表情包大赛,选择优秀的用户作品纳入官方传播。

用户决策参与:开放产品设计投票。

18.3.3 体验渗透：从"触点"到"生态"

1. 产品体验迭代

功能显性化：通过设计放大新品牌价值，如某环保品牌用可拆卸标签展示材料溯源信息。

服务场景延伸：从单一产品到解决方案。

2. 空间体验重构

线下门店剧本化：设计用户的运动路线图，让空间成为品牌剧场。

线上触点人格化：客服机器人用品牌 IP 形象，如京东 Joy 狗、App 图标节日彩蛋。

3. 跨界生态联盟

价值观联动：选择与品牌新定位契合的伙伴。

场景互补：嵌入用户生活全链路。

18.3.4 效果追踪与敏捷迭代

1. 效果追踪指标

品牌激活的效果追踪需要进行持续跟踪，核心监测指标如表 18-2 所示。

表 18-2　核心监测指标

维度	量化指标	质性指标
认知度	提示提及率、搜索量增长率	品牌联想关键词变化
参与度	用户生成内容量、活动参与率、社群活跃度	用户情感分析
商业价值	新品首销率、高价值用户占比、客单价提升率	合作伙伴生态扩展数量

2. 敏捷优化机制

热点借势：实时监测社会情绪，快速响应，如鸿星尔克"破产式"捐款后加速国货品牌形象激活。

品牌激活 = 仪式感 × 参与感 × 掌控感

品牌重塑后的激活需把握 3 个关键原则。

（1）仪式感：用标志性事件宣告"新生"，制造集体记忆点。

（2）参与感：让用户从被动接受变为主动传播，形成品牌资产共建。

（3）掌控感：通过数据实时监控，动态调整策略，避免路径依赖。

最终实现品牌从"被知道"到"被需要"，从"标识"到"信仰"的跃迁。

第 19 章

品牌年轻化

随着时间的推移，消费更迭，消费观念会改变。就算品牌曾经如日中天，但新一代消费者也许对你一无所知，或者给你贴上"过时""落伍""老套"的标签，这时品牌就要实施年轻化，让品牌重新焕发活力和生命力，永葆品牌常青。

品牌年轻化其实是品牌重塑的一种，属于消费者变化造成的形象老化和认知固化。

品牌经历长期文化积淀后升级年轻化并非快速见效的事情，而是长期渗透的持久战。

⚙ 19.1 品牌老化本质探讨

提到品牌年轻化，多数人第一时间想到品牌老化，谈起老化的本质应该是生命周期。所以老化似乎是一条不可避免又无法抗逆的现实规律，不过现实中存活 100 多年的品牌很多。

19.1.1 老化不等于过时

多数人会把老化与过时相提并论，认为老化就是因为品牌理念或者包装陈旧，跟不上新消费群体，于是就赶紧升级品牌视觉系统，最后发现其实作用不大。

品牌老化总结为两点，一是市场份额下降，二是品牌认知度降低。

品牌老化到底是谁说了算？其实现实中很多决策都是从企业内部视角出发，根据销售额而定，是一厢情愿的价值主张。

但在事实中企业并不拥有品牌，它只是品牌的建立者和维护者而已。品牌应该是谁的？答案是用户。在市场环境中往往是消费者在主导着品牌的"颜值"和生命周期。

19.1.2　消费者决定品牌是否升级

2011 年可口可乐全球首席营销官乔·特里波迪在《哈佛商业评论》的采访中对当下品牌与消费者关系提出鲜明观点：如今消费者、意见领袖能够创造比企业更多的信息，是消费者拥有品牌决定权，而非企业。

可惜在现实中，多数企业会认为"因为数据的下降，所以我们就要做品牌年轻化升级"，耗费巨额的投入反而治标不治本。

若深刻理解可口可乐全球营销官乔·特里波迪的这句话，或许会改变思维，也很容易找到品牌要年轻化的条件，即决定品牌是否老化，应该是这个品牌的用户群。

例如一群热爱嘻哈和摇滚的人穿衣风格往往是"潮流范儿"，但在职场人眼里这种装扮就是浮夸。有人认为轻餐食用方便且健康，而在父母眼里就是不好好吃饭的表现，不如自己买菜做饭香。

所以面对这两种群体，品牌应该听谁的？答案肯定是谁买单就听谁的。这就是中后期的"用户群决定品牌"。

当然除品牌用户群外，因为群体年龄增长，部分群体价值观改变会使他们流失对品牌的忠诚度。比如热爱嘻哈的那群人，结婚后不再追求年轻时的兴趣，可能对此类服装的需求就会有所降低。

此时这部分人虽然没有购买欲望，但也可能不肯退缩，动不动还可以侃侃而谈自己对嘻哈的看法，关注某些服装是否出新款，但就是不买。如果你做用户调研，他们还会影响你的决策，最后品牌就有可能被老用户带跑偏。

所以品牌此时就要审视自身用户群体的年龄层，找到对应年龄层用户所在的地方来进行营销很重要。

定义品牌老化，还要思考品牌是否在他们心智中留下印象。

品牌老化是有门槛的，很多业绩不佳的企业只是品牌穿透力不够，而它们误认为自己的问题是品牌老化，把未来寄托在换包装、做广告升级上面，

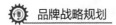

并未找到问题根源所在。

19.2 品牌年轻化

19.2.1 首先使用品牌画布进行分析

品牌画布包含 9 个维度，分别以照镜子的方式依次罗列出重要合作客户、关键业务、核心资源、价值服务、客户关系、渠道通路、客户群体、成本结构、收入来源，如图 19-1 所示。

重要合作客户	关键业务	价值服务	客户关系	客户群体
谁可以帮我?	我要做什么? 核心资源 我拥有什么?	我能给消费者提供什么价值服务?	怎么和消费者做好社交关系? 渠道通路 运营什么样的渠道策略?	我怎么帮助我的意见领袖?
成本结构 我要付出什么?			收入来源 我能得到什么?	

图 19-1　品牌画布

对上述问题逐个进行关键词的罗列与分析，包括行业发展调研、用户群体特征分析。多个数据最后一并汇总，聚焦找到用户画像到底是什么样，以及年龄不高于多少、不低于多少。

19.2.2　对用户进行标签化提炼

用户标签也是多维度特性，可分为三大模块。其一是购买决策，称之为静态标签；其二是互动特性，称之为动态标签；其三叫作预测标签。

静态标签突出群体经常购买的特性，比如一款个体减肥产品要突出消费者的年龄、身高、体重、职业、地区、设备信息、来源渠道等。

动态标签突出在品牌的自媒体上，如公众号、视频号等，数据在后台可统计的用户行为，包含点击率、收藏率、点赞、转发、评论等，这些数据体现了品牌的情绪价值能否与用户产生共鸣，可用来分析用户喜欢什么社交内容。

预测标签主要集中在电商平台，即根据用户在平台内的行为数据对用户行为或喜好进行预测。比如某用户在品牌旗舰店内月消费 5 单，且有数额过万的运动产品的购物数据，那就可以给他打"高频、品质敏感型、运动"的标签。

19.2.3　找到用户所在洼地

对于个体消费品牌年轻化而言，用户所在洼地指用户的集中聚集地，是流量的金矿，明确拥有此特性标签的用户在哪里。

垂类平台某些情况下已经帮助用户做好基础筛选，品牌只需要基于基础条件再次细分，采用相关广告、图文、营销活动策略，就可以起到很好的四两拨千斤的效果。

反之，若你把所有预算投入到较大的短视频平台，那赢得新用户的概率犹如大海捞针，所以对大平台应该采用内容持久战策略。

19.3　品牌年轻化核心策略

品牌年轻化是传统或成熟品牌为吸引年轻消费者，保持市场活力而进行的系统性革新。

19.3.1 核心策略

1. 产品创新

年轻化设计：融入潮流元素，如极简、国潮、科技感；优化用户体验，如智能化、个性化。

细分需求：推出针对年轻群体的子品牌或产品线，如华为手机的 nova 系列。

快速迭代：通过联名限定款、季节限定款等保持新鲜感。

2. 视觉焕新

品牌标识：简化 Logo，采用明快色调。

包装设计：强调互动性与社交属性，如江小白文案瓶。

视觉语言：使用动态化、扁平化设计。

3. 营销转型

社交平台深耕：在网络平台布局，结合短视频、直播、网红达人推广。

内容共创：发起用户生成内容活动，如网易云音乐乐评地铁广告。

价值观共鸣：关注环保、文化传承等议题。

4. 渠道拓展

"线上 + 线下"融合：优化电商体验，同时打造沉浸式线下空间。

品牌自有渠道：通过官网、小程序直接触达用户。

5. 跨界联名

与潮流 IP、艺术家或新锐品牌合作，快速提升话题度。

19.3.2 品牌年轻化的执行

1. 平衡传统与创新

保留品牌核心价值，如李宁"一切皆有可能"的口号；通过新形式表达，如国潮设计。

2. 数据驱动洞察

利用大数据分析年轻群体行为偏好，如消费习惯、社交话题等，动态调整策略。

3. 文化敏感性

避免刻板印象，尊重多样性。

4. 持续迭代

年轻化是长期工程，需定期评估效果并优化。

19.3.3　风险规避

1. 避免盲目跟风

盲目跟风可能导致品牌调性混乱，如某些传统品牌强行使用网络梗。

2. 保持真实性

社会责任行动需落地，避免虚假行为引起争议。

3. 维护老用户

在吸引新群体的同时，通过会员体系或怀旧营销保留核心客户，如麦当劳经典产品复刻。

品牌年轻化需以用户洞察为基础，通过产品、视觉、渠道、传播的多维度创新，实现品牌价值的提升。关键在于保持核心基因的同时，以灵活姿态融入年轻文化语境，最终形成可持续的品牌生命力。